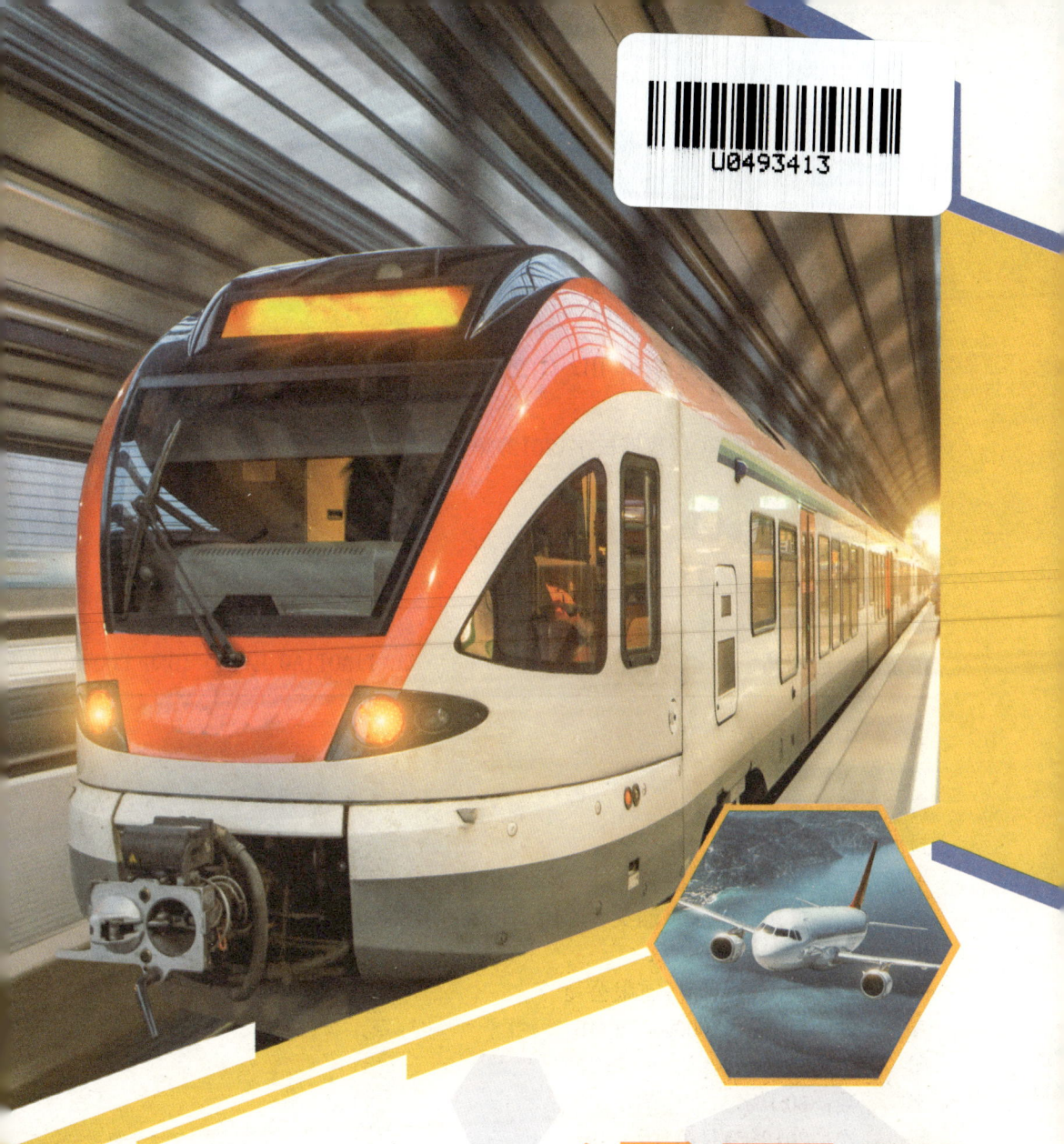

条条大道通罗马

主编 ◎ 王子安

汕头大学出版社

图书在版编目（CIP）数据

条条大道通罗马 / 王子安主编. -- 汕头：汕头大学出版社，2012.4（2024.1重印）
ISBN 978-7-5658-0686-5

Ⅰ. ①条… Ⅱ. ①王… Ⅲ. ①交通运输史－世界－痞积读物 Ⅳ. ①U-091

中国版本图书馆CIP数据核字(2012)第057618号

条条大道通罗马
TIAOTIAO DADAO TONG LUOMA

主　　编：	王子安
责任编辑：	胡开祥
责任技编：	黄东生
封面设计：	君阅书装
出版发行：	汕头大学出版社
	广东省汕头市汕头大学内　邮编：515063
电　　话：	0754-82904613
印　　刷：	唐山楠萍印务有限公司
开　　本：	710mm×1000mm　1/16
印　　张：	12
字　　数：	80千字
版　　次：	2012年4月第1版
印　　次：	2024年1月第2次印刷
定　　价：	55.00元

ISBN 978-7-5658-0686-5

版权所有，翻版必究
如发现印装质量问题，请与承印厂联系退换

前　言

　　青少年是我们国家未来的栋梁，是实现中华民族伟大复兴的主力军。一直以来，党和国家的领导人对青少年的健康成长教育都非常关心。对于青少年来说，他们正处于博学求知的黄金时期。除了认真学习课本上的知识外，他们还应该广泛吸收课外的知识。青少年所具备的科学素质和他们对待科学的态度，对国家的未来将会产生深远的影响。因此，对青少年开展必要的科学普及教育是极为必要的。这不仅可以丰富他们的学习生活、增加他们的想象力和逆向思维能力，而且可以开阔他们的眼界、提高他们的知识面和创新精神。

　　《条条大道通罗马》一书将为大家介绍汽车交通、铁路交通、水上交通、航空运输和航天运输五种交通运输方式，希望读者能从此书中了解这些交通运输方式的基本知识和发展历程。

　　本书属于"科普·教育"类读物，文字语言通俗易懂，给予读者一般性的、基础性的科学知识，其读者对象是具有一定文化知识程度与教育水平的青少年。书中采用了文学性、趣味性、科普性、艺术性、文化性相结合的语言文字与内容编排,是文化性与科学性、自然性与人文性相融合的科普读物。

此外,本书为了迎合广大青少年读者的阅读兴趣,还配有相应的图文解说与介绍,再加上简约、独具一格的版式设计,以及多元素色彩的内容编排,使本书的内容更加生动化、更有吸引力,使本来生趣盎然的知识内容变得更加新鲜亮丽,从而提高了读者在阅读时的感官效果。

尽管本书在编写过程中力求精益求精,但是由于编者水平与时间的有限、仓促,使得本书难免会存在一些不足之处,敬请广大青少年读者予以见谅,并给予批评。希望本书能够成为广大青少年读者成长的良师益友,并使青少年读者的思想能够得到一定程度上的升华。

2012年3月

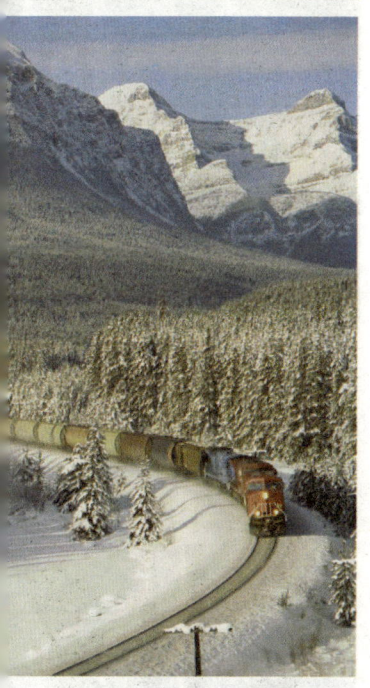

目 录 contents

第一章 汽车交通

世界主要汽车公司……………………………………… 3
21世纪汽车技术畅想 …………………………………… 22
未来世界"绿色汽车"…………………………………… 28
新颖独特的未来汽车……………………………………… 35

第二章 铁路交通

高速列车…………………………………………………… 43
摆式列车…………………………………………………… 46
磁悬浮列车………………………………………………… 52
重力列车…………………………………………………… 57

第三章 水上交通

客　船……………………………………………………… 65
货　船……………………………………………………… 71
我国水上交通发展规划…………………………………… 77

第四章 航空运输

- 航空运输的发展 …………………………… 81
- 航空运输的特点 …………………………… 84
- 航空运输的种类 …………………………… 88
- 未来空中交通网 …………………………… 98

第五章 航天运输

- 运载火箭 …………………………………… 129
- 航天飞机 …………………………………… 152
- 载人飞船 …………………………………… 163

第六章 宇航时代

- 地球使者 …………………………………… 179
- 宇航基地建设 ……………………………… 183

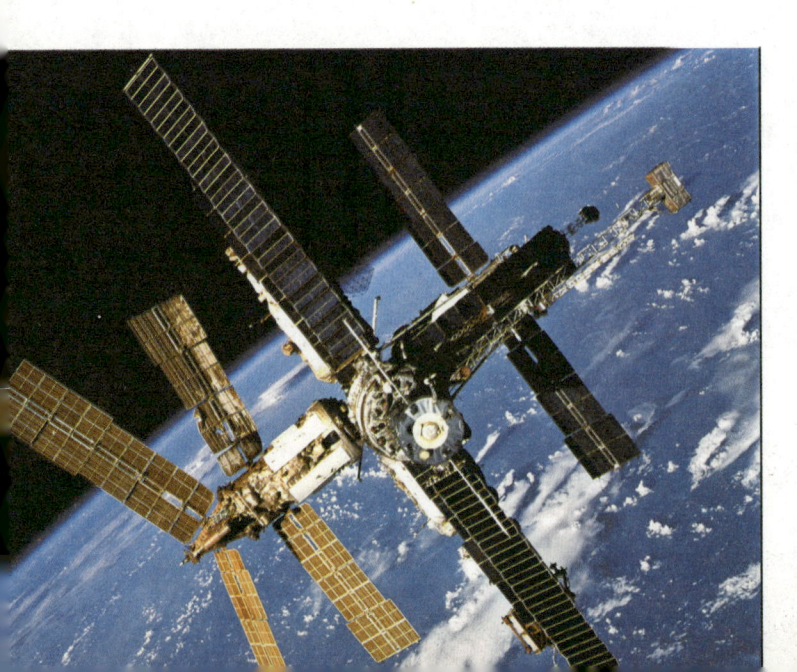

第一章 汽车交通

> 条条大道通罗马

　　1886年1月29日世界上第一辆汽车诞生之后，人类历史就出现了一次伟大的飞跃。汽车不仅实现了人们高速奔走的梦想，更延伸了人们的双腿，同时也见证了人类一个多世纪以来的科技发展。汽车自诞生以来，已经走过了一百多年的风风雨雨。在这一百多年里，汽车发展速度惊人。现在，汽车早已由最初的交通工具，逐渐演变为集科技、艺术为一体的高科技工业产品。汽车的出现，也悄然改变了人们的生活，现在人们的生活越来越离不开汽车。

　　在这个漫长的岁月里，人类对汽车的探索、发明和使用不仅创造了各种各样的品牌、丰富多彩的造型和五彩缤纷的色彩，同时，也推进了汽车文化的形成。没有任何一种工业产品能像汽车那样渗透到大众生活的各个方面，它不仅伴随人类发展，影响了整个社会的经济结构和发展速度，而且还因为技术和产品的不断更新，改变和提高了人们的生活方式和生活质量，直到今天，它的生命力长盛不衰。

　　有人将汽车一百多年的发展史总结为：汽车诞生于德国、生长于法国、成熟于美国、繁荣于欧洲、挑战于日本、未来在东方、未来在中国。本章主要简述汽车及对未来汽车的预见。

第一章 汽车交通

世界主要汽车公司

◆ 美 国

（1）通 用

通用汽车公司是世界上最大的汽车公司，年工业总产值达1000多亿美元。其标志GM取自其英文名称General Motro Corporation的前两个单词的第一个字母。它是由威廉·杜兰特于1908年9月在别克汽车公司的基础上发展起来的，成立于美国的汽车城底特律。

通用汽车公司在美国最大的五百家企业中居首位，在世界最大的工业企业中位居第二。它在美国及世界各地的雇员达80万人，分布在世界上40个国家和地区，通用家族每年的汽车总产量达900万辆。

通用汽车公司是美国最早实行股份制和专家集团管理的特大型企业之一。通用汽车公司生产的汽

> 条条大道通罗马

车，典型地表现了美国汽车豪华、宽大、内部舒适、速度快、储备功率大等特点。而且通用汽车公司尤其重视质量和新技术的采用，因而通用汽车公司的产品始终在用户心中享有盛誉。

通用汽车公司与铃木、菲亚特、五十铃、富士重工汽车公司结成合作伙伴关系。

（2）福 特

1903年，亨利·福特先生创立了福特汽车公司。目前，福特汽车公司是世界上最大的汽车企业之一。1908年，福特汽车公司生产出世界上第一辆属于普通百姓的汽车——T型车，世界汽车工业革命从此开始。1913年，福特汽车公司又开发出了世界上第一条流水线，这一创举使T型车的生产量达到了1500万辆，缔造了一个至今仍未被

第一章 汽车交通

打破的世界记录。福特先生因此被尊为"为世界装上轮子"的人。

1999年,世界知名杂志——《财富》将福特先生评为"二十世纪商业巨人",以表彰他和福特汽车公司对人类工业发展所作出的杰出贡献。亨利·福特先生成功的秘诀只有一个:尽力了解人们内心的需求,用最好的材料,用最好的员工,为人们制造人人都买得起的好车。

今天的福特汽车已是全球领先的汽车制造商,它的总部位于美国密执安州迪尔伯恩市,业务遍及六大洲200多个区域市场,更有325 000名员工、110个工厂遍布全球。作为世界一流的汽车企业,今天的福特汽车依然坚守着亨利·福特先生开创的企业理念:"消费者是我们工作的中心所在。我们在工作中必须时刻想着我们的消费者,提供比竞争对手更好的产品和服务。"

福特汽车公司旗下拥有八大汽车品牌,包括阿斯顿·马丁、福

> 条条大道通罗马

特、捷豹、路虎、林肯、马自达、水星和沃尔沃。此外，福特汽车公司还拥有世界最大的汽车信贷企业——福特信贷，全球最大的汽车租赁公司——赫兹以及著名汽车服务品牌——Quality Care。这些驰名世界的品牌对于福特、对于全球的消费者来说都蕴含着非凡的价值。

（3）克莱斯勒

克莱斯勒汽车公司是美国第三大汽车工业公司，由沃尔特·克莱斯勒创办于1925年。

1924年沃尔特·克莱斯勒离开通用汽车公司进入威廉斯·欧夫兰公司，开始生产克莱斯勒牌汽车。1925年他买下破产的马克斯维尔公司，开始组建自己的公司。克莱斯勒凭借其过硬的技术和财力，先后买下了道奇、布立格和普利茅斯公司，逐渐发展成为美国第三大汽车公司。

随着经营的扩大，克莱斯勒开始向海外扩张，先后在澳大利亚、法国、英国、巴西建厂和收买当地汽车公司股权，购买了意大利的玛莎拉蒂公司和兰博基尼公司，从而

使公司成为一个跨国汽车公司。20世纪30年代是它的黄金时期，其地位曾一度超过福特公司。20世纪70年代，公司因管理不善濒于倒闭，著名企业家李·雅柯卡接管该公司。雅柯卡上任后大胆启用新人，裁减员工，争取政府资助，把主要精力投入市场调研和产品开发上，并在产品广告上出奇制胜。在80年代初，克莱斯勒又奇迹般地活了过来，继续排在世界前5名汽车大公司行列。

20世纪90年代，由于日本汽车公司的进攻，克莱斯勒再次陷入困境，它在汽车公司中排名一降再降，甚至降到日产美国分公司之下。1998年5月7日，戴姆勒公司总裁于尔根·施伦佩和克莱斯勒首席执行官罗伯特·伊同在伦敦宣布两家汽车生产商合并，由此戴姆勒—克莱斯勒公司成为了全球第二大汽车生产商。

> 条条大道通罗马

◆日本

（1）丰田

世界十大汽车工业公司之一，日本最早的汽车公司，创立于1933年，现在已发展成为以汽车生产为主，业务涉及机械、电子、金融等行业的庞大工业集团。

丰田公司早期以制造纺织机械为主，1933年，创始人丰田喜一郎在纺织机械制作所设立汽车部，从而开始了丰田汽车公司制造汽车的历史。

1935年，丰田AI型汽车试制成功，第二年即正式成立汽车工业公司。但该公司在整个30年代和40年代发展缓慢，到二战之后才加快了发展步伐。通过引进欧美技术，在美国的汽车技术专家和管理专家的指导下，该公司很快掌握了先进的汽车生产和管理技术，还根据日本民族的特点，创造了著名的丰田生产管理模式，并不断加以完善提高，大大提高了工厂生产效率和产品质量。丰田汽

车在20世纪60年代末大量涌入北美市场。

20世纪70年代是丰田汽车公司飞速发展的黄金期。在1972年到1976年的仅四年时间里，该公司就生产了1000万辆汽车，年产汽车达到200多万辆。进入80年代后，丰田汽车公司的产销量仍然直线上升。90年代初，它年产汽车已经超过了400万辆接近500万辆，击败了福特汽车公司，汽车产量名列世界第二。20世纪60、70年代是丰田汽车公司在日本国内的自我成长期，80年代之后，丰田汽车开始了它全面走向世界的国际战略。它先后在美国、英国以及东南亚建立独资或合资企业，并将汽车研究发展中心合建在当地，实施当地研究、开发、设计、生产的国际化战略。

丰田汽车公司有很强的技术开发能力，而且十分注重研究顾客对汽车的需求，因而在它发展的各个不同历史阶段创出了不同的名牌产品，并以快速的产品换型击败了美欧竞争对手。早期的丰田牌、皇冠、光冠、花冠汽车名噪一时，近来的克雷西达、凌志豪华汽车也极负盛名。丰田汽车公司总部在日本东京，现任社长是丰田章男，年产汽车总量近500万辆，出口比例接近50%。

（2）本　田

本田公司的汽车产量和规模名列世界十大汽车厂家之列。

1948年，日本传奇式人物本田宗一郎创办了本田公司。公司总部在东京，雇员总数达11万人左右。

现在，本田公司已是一个跨国汽车、摩托车生产销售集团。它的产品除汽车摩托车外，还有发电机、农机等动力机械产品。

本田公司的经营方法十分灵活。在美国设立的本田分公司，1991年在美国市场上的销量已超过克莱斯勒汽车公司名列第三。本田的雅阁和思域汽车历年来一直被用户评为质量最佳和最受欢迎的汽车。在欧洲，本田也在英国建立了分公司。本田公司汽车总产量已高达约300万辆。

本田公司素有日本汽车技术发展的排头兵之称。在技术开发和

第一章 汽车交通

研究上，由于创始人本田宗一郎舍得花大本钱，因而科技成果颇丰。本田的电子导航仪是世界上最先应用在汽车上的导航装置。它可以在荧光屏上显示地图以及行车路线，还可确定汽车的位置。另外，它的四轮防侧滑电子控制器、自动控制车身高度电子装置和复合涡流调整燃烧发动机都是世界上汽车高技术的领先成果。同时本田汽车也是日本第一个达到美国标准的汽车公司。

> 条条大道通罗马

分之一。本田公司车队也是赛场一支上实力强劲的车队。无论在汽车赛场还是摩托车赛场，本田车队每年都要拿几个世界冠军。本田公司主要的汽车产品有雅阁、思域、时韵、City以及本田NSX、S2000等；摩托车产品则有拥有从50～1800立方厘米等各排量、各级别的产品；动力机械产品则包括发电机、通用发动机、耕耘机、舷外机、草坪机、除雪机等各领域的产品。

◆ 德　国

（1）宝　马

宝马是驰名世界的汽车企业，也被公认为是高档汽车生产业的先导。宝马公司创建于1916年，总部设在幕尼黑。近一个世纪以来，它由最初的一家飞机引擎生产厂发展成为今天以高级轿车为主导，并生产享誉

本田公司的摩托车产品种类繁多，运动车、赛车和普通车在世界摩托车市场占有绝对优势，总产量达1000万辆左，约占全球市场的三

第一章 汽车交通

全球的飞机引擎、越野车和摩托车的企业集团，名列世界汽车公司前20名。宝马也被译为"巴依尔"。宝马公司的简称是BMW，全称是"Bayerische Motoren Werke AG"，BMW就是这三个单词的首位字母缩写。公司拥有BMW、MINI和Rolls-Royce三个品牌。

宝马作为国际汽车市场上的重要成员一直相当活跃，其业务遍及全世界120个国家。1宝马汽车主要有3、5、7、8系列汽车及双座蓬顶跑车等。目前，宝马正处于事业兴盛时期：欧宝和福特汽车公司购买它的6缸柴油发动机；劳斯莱斯集团不仅采用它的12缸发动机及电子设备，还与其共同研究生产新的

> 条条大道通罗马

航空发动机；1994年宝马集团收购了英国陆虎汽车公司；1998年，宝马集团又购得了劳斯莱斯汽车品牌；2002年，宝马公司成功销售了超过100万辆BMW和MINI品牌的汽车，销售记录首次突破一百万辆；2008年，BMW集团销售了大约140万辆汽车，实现40%的增长。

宝马公司历来以重视技术革新而闻名，不断为高性能高档汽车设定新标准。同时，宝马十分重视安全和环保问题。宝马在"主动安全性能"和"被动安全性能"方面的研究及其FIRST（整体式道路安全系统）为公司赢得了声誉。

同时，宝马公司还致力于推动中国汽车工业在高科技应用方面的发展。1994年4月，宝马公司在北京设立了代表处。

（2）大　众

世界十大汽车公司之一，创建于1937年德国的沃尔斯堡，创始人是世界著名的汽车设计大师费迪南德·波尔舍。大众汽车公司主要经营汽车产品，是一个在全世界许多国家都有汽车活动的

第一章 汽车交通

跨国汽车集团。大众汽车，顾名思义是为大众生产的汽车。1934年1月17日，波尔舍向德国政府提交了一份为大众设计生产汽车的建议书。随后，建议被批准，后来波尔舍组建了一个由34万人入股的大众汽车股份公司，年产量为100万辆。

1938年，在沃尔斯堡的"大众汽车城"里，第一批"甲壳虫"问世，但仅仅生产了630辆就因二次世界大战而停产。二战后，大众公司划归西德政府，汽车生产又逐步恢复。由于"甲壳虫"车价格低廉，这种汽车很快风靡德国和欧洲，到1955年"甲壳虫"出口已到100多个国家。1981年"甲壳虫"停产时，已经累计生产了2000

> 条条大道通罗马

万辆,打破了福特T型车的世界纪录。随着"甲壳虫"的畅销,大众汽车公司也成长为一个强大的世界汽车生产集团,它在西班牙、墨西哥等许多国家都建立起了汽车生产厂和销售公司。

大众汽车公司总部曾迁往柏林,但现在仍在沃尔斯堡,现有雇员35万人。它在全世界有13家生产性子公司,海外有7个销售公司和23个其他公司。国内子公司主要是大众和奥迪公司,国外有西班牙、墨西哥、斯柯达、桑塔纳、帕萨特、柯拉多、奥迪、奥迪科贝等。

大众汽车旗下品牌有:大众、奥迪、斯柯达、保时捷、兰博基尼、西亚特、布加迪、宾利、斯堪尼亚。1984年,大众汽车进入中国市场,成为第一批在中国发展业务的国际汽车制造商之一。大众汽车自进入中国市场以来,就一直保持着在中国轿车市场中的领先地位。

◆ 法　国

标　致

标致汽车公司是世界十大汽

第一章 汽车交通

车公司之一，法国最大的汽车集团公司。创立于1890年，创始人是阿尔芒·标致。1976年标致公司吞并了法国历史悠久的雪铁龙公司，从而成为世界上一家以生产汽车为主，兼营机械加工、运输、金融和服务业的跨国工业集团。标致汽车公司的总部在法国巴黎，汽车厂多在弗南修·昆蒂省，雇员总数为11万人左右，年产汽车220万辆。

标致公司创始之初以生产自行车和三轮车为主，1891年开始涉足汽车领域并取得成功。由于不断采用新技术，公司的产量与日俱增。到第一次世界大战前，产量已超过法国所有的汽车生产厂家，达到1.2万辆。第一次世界大战中，阿尔芒·标致及时调整经营战略，使标致公司在战争中发展起来，1939年年产汽车即达4.8万辆。标致公司的第二次大发展时期是二战后的50、60年代，汽车产量在20年间猛增十几倍，

> 条条大道通罗马

一跃成为法国第二大汽车公司。

1976年,标致公司以自己的经济实力收购了经营不善的雪铁龙公司60%的股份,从而扩充了自己的实力。汽车总产量超过雷诺汽车公司而居法国第一。标致公司拥有92家国内公司和84家海外公司,海外公司以商业公司为主,工业公司不多,其中最大的海外工业公司有英国塔尔伯特汽车公司和西班牙塔尔伯特汽车公司。

20世纪80年代,标致公司和中国合作在广州建立合资企业,将标致504、505型汽车输入到中国。标致汽车产品从微型到豪华型都有,最受欢迎的是中型汽车。标致汽车的特点是寿命长质量好,它的205及309型汽车在历年的汽车拉力赛中独占鳌头。

◆意大利

菲亚特

菲亚特汽车公司,世界十大汽车公司之一,始建于1899年7月,

创始人是乔瓦尼·阿涅利。它是世界上第一个生产微型车的汽车生产厂家。这家公司的全称是意大利都灵汽车制造厂，菲亚特（FIAT）是该公司缩写的译音，FIAT也是该公司产品的商标。菲亚特集团总部设在意大利都灵市，现任董事长是创始人的长孙，和创始人同名，也叫乔瓦尼·阿涅利。汽车部雇员27万右，在100多个国家有子公司和销售机构。其轿车部门主要有菲亚特、法拉利、阿尔法和兰西亚等公司。工程车辆公司有伊维柯公司。菲亚特汽车集团是意大利最大的综合工商金融企业集团，它是所有汽车公司中涉足其他领域最多的汽车集团。在意大利，它几乎垄断了汽车、拖拉机、工程机械、飞机制造、生物工程和土木工程、能源工程等许多技术生产领域，并在全世界开办了许多分支机构。

> 条条大道通罗马

知识小百科

世界主要汽车品牌由来

（1）奔驰（BENZ）

1909年6月，奔驰汽车申请戴姆勒公司登记了三叉星做为轿车的标志，象征着陆上、水上和空中的机械化。1916，奔驰汽车又年在原汽车标致的四周加上了一个圆圈，在圆的上方镶嵌了4个小星，下面有梅赛德斯"Mercedes"字样。"梅赛德斯"是幸福的意思，意为戴姆勒生产的汽车将为车主们带来幸福。

（2）奥迪（AUDI）

奥迪轿车的标志为四个圆环，代表着合并前的四家公司。这些公司曾经是自行车、摩托车及小客车的生产厂家。由于该公司原是由4家公司合并而成，因此每一环都是其中一个公司的象征。

（3）宝马（BMW）

宝马标志中间的蓝白相间图案，代表蓝天，白云和旋转不停的螺旋桨，喻示宝马公司渊源悠久的历史，象征该公司过去在航空发动机技

第一章 汽车交通

方面的领先地位，又象征公司一贯宗旨和目标。

（4）福特（FORD）

福特汽车的标志是采用福特英文Ford字样，蓝底白字。由于创建人亨利·福特喜欢小动物，所以标志设计者把福特的英文画成一只小白兔样子的图案。

（5）丰田（TOYOTA）

丰田公司的三个椭圆的标志是从1990年初开始使用的。标志中的大椭圆代表地球，中间由两个椭圆垂直组合成一个T字，代表丰田公司。

（6）大众（VOLKSWAGEN）

大众汽车公司的德文Volks Wagenwerk，意为大众使用的汽车，标志中的VW为全称中头一个字母。标志像是由三个用中指和食指作出的"V"组成，表示大众公司及其产品必胜—必胜—必胜。

> 条条大道通罗马

21世纪汽车技术畅想

21世纪汽车技术发展的三大主题是：环保、安全、节能。因此，未来汽车的设计、制造也围绕着这三个主题发展。

汽车主要由发动机、底盘、外壳等构成，其中最为重要的是发动机。

在发动机方面，零污染、低污染的发动机将陆续登上汽车历史舞台，这样使得汽油机、柴油机的污染逐渐减少，一是达到了节能，二是减少了污染，达到了环保的效果。新型的混合动力将与氢动力、天然气、乙醇等替代燃料发动机经过新一轮较量后，适者生存，或者并存。

但是，从目前的发展趋势来看，未来10~20年，由汽油机、柴油机改进的混合燃料、双燃料动力以及由电动机与某种替代燃料发动机组成的混合动力（例如现在的

第一章 汽车交通

丰田普瑞斯）将会成为主流。未来混合动力汽车通过对发动机、电动机、充电电池的最佳组合，既可以提高发动机工作效率，节省能源，又可以清洁排放，减少环境污染，起到环保的作用。从长远来看，如果燃料电池技术能取得突破，电动机将成为汽车动力的主要动力，它在环保、降低噪音方面更具优势。

在汽车底盘方面，安全性能要永远摆在第一位。计算机技术、智能化的电子控制技术将在汽车上广泛运用。目前，除了已经应用于汽车上的ABS刹车防抱死系统、EBD电子制动力分配系统、ASR加速防滑系统，还会有智能仪表系统（IIS）、速度感应转向系统（SSS）、卫星导航系统（SNS）、汽车行驶自动记录仪等智能装置，其中智能仪表系统能随时检测汽车上各主要组成的工作状况，当其中任何一部分工作不正常时，就能随时报警并能主动采取安全修正措施。汽车上卫星导航系统能把汽车的位置和前、后方的道路情况指示出来，并能自动优化行车路线，计算驾驶者到达目的地的时间、距离等相关信息。汽车行驶自动记录仪的

> 条条大道通罗马

原理与飞机上的"黑匣子"类似，它能自动记录汽车行驶的最近时间段（30~60分钟）的行驶状况，例如速度、加速度、油门、方向盘、制动、离合器等各种操作，这样即使汽车突然出现障碍也不用特别害怕，可以根据记录的信息分析汽车故障以及发生交通事故的原因。上述这些智能装置既可以单独工作，也可以通过一个控制键从而实现关闭或激活，还可以与行车电脑互联，介入GPS，形成广义上的汽车计算机系统。

在汽车底盘方面，变化最大的是悬架。自动控制的空气悬架将得到广泛应用，这种具有"主动作功能力"的悬架不再是一些大排量的豪华轿车、豪华越野车的专利，它不仅具有理想的弹性特性，而且可以根据道路状况自动调节车身高度，保持很高的驾乘舒适性和极佳的行驶稳定性。轮胎的变化也很明显，应用最新纳米技术、轻薄而又高强度的轮胎可将车轮与道路之间的滚动摩擦

第一章 汽车交通

阻力更小，附着力更高，既节省燃料又提高了安全性。

未来汽车变化最大的部分是汽车的外型。这或许可以在《我，机器人》中的奥迪概念车RSQ设计中的得到启发和扩大想象空间。奥迪概念车RSQ采用无车轮设计，通过四个球体旋转行驶。另外，带后铰链的两个车门向上方打时，带有如科幻电影般的特点。奥迪RSQ采用两座、中置发动机设计，"车轮"呈球体，并配上相似形状的"轮框"，使整车具有雕塑般的视觉感受。其车门设计采用了蝶翼式，汽车的外型是为了使用目的服务的，同时要保

> 条条大道通罗马

障行车安全性、节能环保性（低风阻系数）并体现差异化、个性化，这就意味着对于不同使用目的的汽车和不同性格的使用者，汽车的外型将有很大差异，即汽车的使用功能将进一步细化，如经常行驶于市区的汽车，应该是优雅的外型与宽敞舒适的乘坐空间的完美结合。

随着社会的发展和城市之间高速公路网络的完善，汽车行驶的速度和安全性是人们考虑比较多的问题。未来，经常行驶于城市（省际）之间的汽车应该具有更加流线型的造型设计，这样才能使风阻系数更低，需要尽可能小的升力和丰富、完备的安全配置。因此，外型设计可以借鉴鱼类的外型元素，这样减小了阻力系数，汽车在高速公路上行驶起来会更加快速。

在汽车中，喜爱越野探险的人则更喜欢越野性能较高的车子。除了四驱、空气悬架等技术外，越野车还应该实现"险境"中的自救。未来的越野车大部分还是采用车轮来行驶，但是在车轮的结构、形状及装置上是五花八门、各有特色的，如有的车轮装置可变，能保证汽车上下楼梯；有的把车轮固定在一个折叠式杠杆上，铰链处类似人的"膝关节"，可弯曲或伸直，从而使车身始终保持水平状态，不受

第一章 汽车交通

地形影响；另一类越野车则采用组合式行走机构，或者用车轮和气垫组合，在一般路况下用车轮行驶，在无路或水上用气垫行驶。这种真正意义上的越野车和现在的SUV不同，它不仅能走比较坏的路，即使真正没有路的地区也照样能通过，进一步满足人们在农业、林业、建筑、地质勘探等领域的需要。

整车轻量化是节能的重要措施之一。在汽车行驶过程中，除空气阻力外，其它行驶阻力都与整备质量成正比。减轻汽车重量，就是节约能源。专家们认为：今后汽车轻量化的主要途径是将目前占汽车总重量70%~80%的钢铁材料逐步以其他轻质材料取代，这其中包括轻金属合金，如铝合金、镁合金、钛合金以及塑料、复合材料、碳纤维等。轻金属合金主要应用于结构件中，塑料主要用于覆盖件和装饰件，在受力较大、工作环境恶劣的部位，可以采用高强度、低密度的复合材料，这样可使汽车的整备质量降低40%~50%，轻量化的汽车与流线型再配合节能轮胎的使用，可使汽车的燃料消耗到目前50%~60%的水平。

汽车的功能也将发生革命性的变化，汽车不仅是代步工具，它还将与人们的生活更加紧密的联系起来，汽车将成为人们工作、生活的另一场所。在国外已经出现了移动办公室、移动住宅，事实上就是这种理念的扩大化。

> 条条大道通罗马

未来世界"绿色汽车"

在未来的社会中，由于生活质量的提高，人们越来越关注的是身体健康，拥有健康的身体是人们追求的目标。

所谓绿色，其常常象征着自然、健康、生命、舒适、活力与安全。目前已经出现不少绿色产品，很多绿色产品也已经为公众所熟悉，并越来越被人们所接受，从这里也可以看出人们对健康的重视，对有益于环境和健康的产品的追求。不言而喻，21世纪将是绿色产品飞速发展的时代。

在饮食方面需要绿色，在生活等各方面人们都在追求绿色的东西，在汽车上人们同样追求

第一章 汽车交通

"绿色"。

不仅仅是从能源角度使用了电力或代用燃料的汽车就称为绿色汽车，更应从技术理论体系来开发和研究绿色汽车。绿色汽车是完全合乎环境保护要求的一种新型交通工具，也完全体现出了环境保护观念对汽车工业所产生的影响和变革。

绿色汽车是汽车技术不断发展的必然产物。由于人们对绿色汽车的追求，开发和研究新型绿色汽车不仅仅只是环境保护的迫切要求，也是人们追求健康的迫切要求。它是人类所期望的，更是汽车工业长远与可持续发展的需要。

由于绿色汽车本身具有很多优越性，因此它有着潜在而巨大的市场。人们越来越关注绿色汽车，其开发将是汽车工业一个重要的新增长点。绿色汽车将给人类生活带来更加灿烂的文明，21世纪是绿色汽车的世界。

西方发达国家对开发绿色汽车技术尤其重视，他们在开发和推广

> 条条大道通罗马

以电动汽车、多种代用燃料汽车为主要内容的绿色汽车工程上狠下功夫，于是绿色汽车在世界各地得到了广泛的应用。世界各国对"绿色

第一章 汽车交通

汽车"的研究主要是对燃料电池汽车、太阳能电动车、蓄电池电动车的研究，代用燃料汽车开发基本设想是使用汽油和柴油以外的燃料。因此，汽车的安全、环保、舒适、节能是近半个世纪以来汽车工业发展所面临和研究的重要课题，这也是21世纪汽车工业发展的基点和追求的目标。

21世纪是绿色汽车的世界。当今世界汽车工业的特点是汽车国际化生产、竞争日趋激烈的趋势明显，少数汽车公司正在演变为国际性大集团。全球十大汽车公司的轿车产量约占世界汽车总产量的75%，而全球三大汽车公司通用、福特、丰田的汽车产量约占世界汽车总量的37%左右。然而，他们有一个共同的特点就是在研究绿色汽车方面花了很大的精力，做了大量的努力和研究工作，并且投入了大量的人力、物力和财力。

世界上实力雄厚的汽车集团公司都在汽车材料和车身结构方面进行了全面优化，改善了汽车发动机燃烧状况，广泛应用了燃油电喷

> 条条大道通罗马

系统，极大地降低了汽车尾气排放。在汽车使用的能源和资源方面，开发电动汽车（EV）和代J料汽车（SFV），改善汽车对环境的污染，提倡使用零污染汽车。1999年，法国第二大汽车公司，世界十大汽车公司的雷诺公司就建立了"绿色网络"来回收它在欧洲的商业机构产生的废弃物。把汽车回收再利用、汽车材料可回收性、汽车安全性、降低成本、减轻质量、限制排放和改善外观一样，都是主要优先考虑的问题。

目前，就绿色汽车开发而言，大多数汽车公司在汽车能源上想了很多办法，如开发液化石油气汽车、电动汽车以及天然气汽车等，并且在汽车发动机燃烧、汽车尾气排放治理方面开展很多工作，不仅带来了很好的经济效益，还带来了很好的社会效益。

不管在开发绿色汽车方面有什么困难，这都是汽车工业可持续发展的唯一道路。

第一章 汽车交通

知识小百科

"低碳汽车"亮相2010年北京车展

2010年北京车展是最为成功的一次,其主题"绿色汽车"在车展上得到了淋漓尽致地表现和展示。

据统计,2010年北京车展共展示了95款"低碳汽车",其中包括了新能源汽车、电动汽车、混合动力车,以及减少碳排放量的新车。甚至还有一些尚未在国际车展上亮相的新能源汽车也有露面。

在2010年北京车展上,最为热门的话题就是"新能源"汽车,所有汽车产业的高管们都认为:新能源汽车是目前全球汽车工业难以逆转的发展趋势。

在北京车展上,通用把自己坚持"氢动力"变为用电作为能源。通用展出的别克商务概念车以及凯迪拉克XTS白金概念车,更分别采用了通用/上海通用的下一代混合动力技术和插电式混合动力技术。由此可见,通用已经在用实际行动告诉人们新能源动力的趋势。

同时,2010年北京车展还展示了雪佛兰Volt MPV5和凯迪拉克Converj两款应用了增程电动技术的概念车。雪佛兰Volt MPV5最大的特点是它有一个16千瓦时T型锂电池组为电动机提供电力,并以此作为雪佛兰Volt电动车登陆中国市场的前奏。

日本丰田公司则是坚持自己十多年来走混合动力的路线,只是这次

> 条条大道通罗马

有了突破。展示了采用外插充电式混合动力技术的电动车FT-EVⅡ以及燃料电池混合动力车FCHV-adv。

日本"聆风"为五门五座掀背轿车,由层叠式紧凑型锂离子电池驱动,在完全充电的情况下可实现160千米以上的巡航里程。日产聆风的充电方式非常便捷。采用200伏家用交流电,大约需要8小时可以将电池充满;而10分钟的快速充电,便可提供其行驶50千米的用电量,为长途行驶提供了便利。这款车已经在美国和日本接受预定,2011年将投放中国市场。

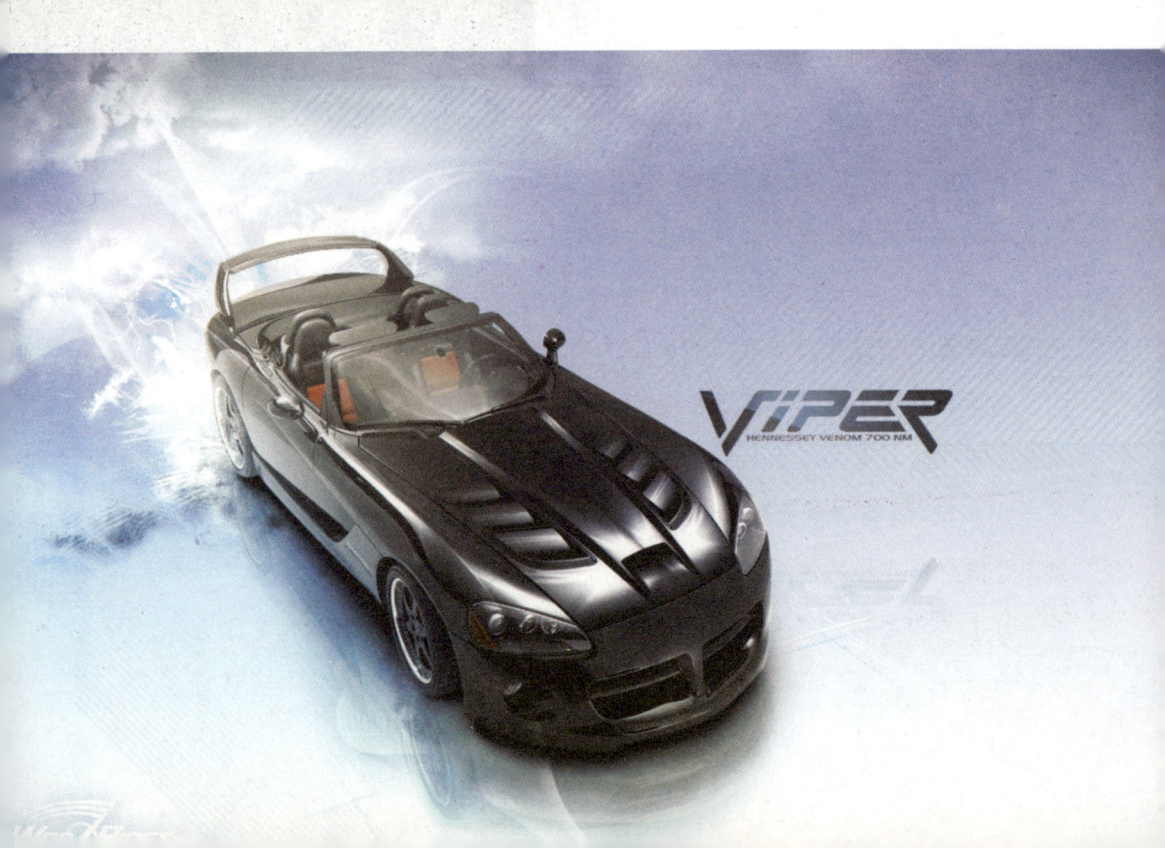

第一章 汽车交通

新颖独特的未来汽车

随着人们生活水平的提高，越来越多的人开始关注他们自己的代步工具，而代步工具的最佳选择就是汽车，但随着汽车数量的不断增多，对环境造成的危害就越来越大，直接影响的就是人们的身体健康。在满足了人们的驾驶欲望之后，人们又开始担心汽车对人类的脆弱环境的影响，于是各家汽车公司各显神通，开始运用研究、开发和应用自己的技术为人类描绘出一个未来的汽车世界。

◆ 即插即用的汽车

在未来汽车需求中，人们不再采用燃油，而是用环保而节能的电，这就存在一个蓄电的问题，于是人们就发明了和手机、数码相机和MP3、MP4等一样的便携式充电汽车。电动概念车是以电池驱动的电动机作为主要驱动动力，还配备了刹车回能系统，在减速和刹车的过程中电动马达能够将多余的动能转化为电能并储存于锂电池中。

◆ "叶子"汽车

在2010年上海世博会上，到处都是依靠电池，不用汽油，真正

> 条条大道通罗马

实现零排放的新型能源汽车在世博园中穿梭，成为了游客们主要交通工具。上海世博园区有超过一千辆新能源汽车在场馆周边运行，是目前世界上规模最大的新能源汽车示范。

在世博会上汽集团—汽车馆，出现了几辆"2030年未来汽车"让观众耳目一新。一幅向往人类20年后的生活画卷徐徐展开：实现零交通事故、零排放；远离了交通堵塞、驾乘变得有趣而又时尚；车辆将以新能源为驱动能源，其中又以电力驱动为主。汽车充电站遍布城市大街小巷，人们随时可选择最近的充电站充电，方便而又快捷；人类的生活进入了一个充分地享受和利用在车内的时间；没有了拥堵"长龙"和交通事故，随处可见的笑脸意味着人类摆脱了驾驶疲乏，生活更加高效而且惬意。

未来的车不仅长得像叶子，而

且还能像自然界植物的那样进行光合作用，吸收空气中的二氧化碳，实现汽车零排放，然后将太阳能转化为电能来实现汽车的驱动。

"未来汽车"有的依靠"车联网"实现无人驾驶，有的依靠生物能或太阳能驱动，它们都能够杜绝交通事故，并实现智能仓储式停放。

◆ 3G汽车受到宠爱

未来的汽车将在车内实现与因特网真正无缝链接，在强大的网络系统的支持下，3G汽车可实现导航，实时路况提醒，车辆位置监控以及更精确的导航指示等。还可以实现车内视频电话会议，进行各种娱乐活动，还可以通过寻求呼叫中心获得用车、生活和工作等各种各样的全方位资讯。在汽车上实现很多人们意想不到的东西。

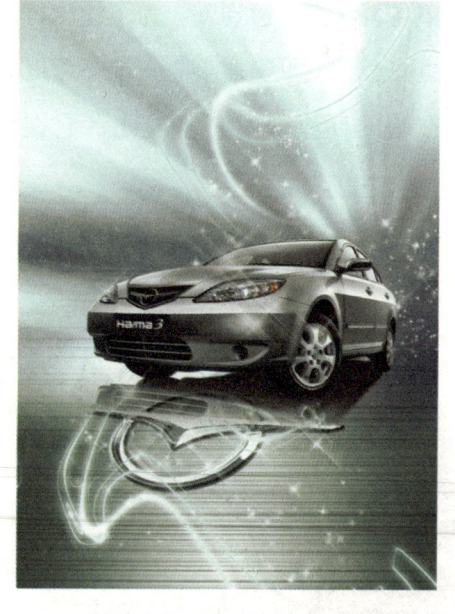

◆ 奇妙的汽车

未来的车身是软的，可以增加驾驶的安全性。对于驾驶人来说，他们当然不希

> 条条大道通罗马

望在斑马线上撞到人。为了让出行更安全，减少交通事故，该车可以在暗的环境下发光，因此，它在街上行驶的时候很容易引起人们的注意。

同时，它是一辆由燃料电池提供动力的绿色汽车。小巧的轮胎几乎处于车辆的最边上，可以在原地进行360°旋转。它采用了一种无角的箱体设计，这个设计使得它箱体般的车身不存在任何尖角，转折处也都是柔和的过度。腰线以上的部分是全玻璃设计，给车内的乘客带来最大限度的舒畅开阔的感觉。在车内，有一个仪表板监视器和一个在汽车启动后会升起来的控制台，还有一个奇特的照明系统和一个代替方向盘的控制杆。

◆ 放松、健康的汽车

未来汽车追求的是环保、健康、节能。在这样的车里，他有一个巨大的温室，座椅能够帮助坐在椅子上的人脊柱保持正确健康的

第一章 汽车交通

位置，还可以在驾车或者坐车的时候实现按摩，甚至可以再加上一个可以通过方向盘上的仪器来测量你心情的装置，然后依据你的心里状况显示合适的颜色，它能让乘客更舒适，更健康，让人们就像处在大自然的怀抱当中，人们在车上的时间还可以实现健康护理等，更有益于人们的身心健康。

◆ 移动办公的汽车

未来的汽车将会给人们的生活带来多大变化，简直让人们惊奇万分。未来人们可以在车内办公，想去哪上班就去哪上班。

什么是移动办公？顾名思义，就是能实现流动的办公，不会像现在一样在固定的办公室上班。在未来的车上可以装备好各

> 条条大道通罗马

种各样的办公设备，人们可以在车上办公。假如你今天想看山，你可以把车开到山上办公，享受大自然的美丽；假如你今天想在河边办公，也可以把车开到美丽的河边或者河里，在优雅、美丽而浪漫的地方办公。这样就不会因为总是在一个地方而感到枯燥而厌烦，还能保持心情的愉悦和安静的环境，工作效率也会提高，还有益于身心健康。

◆ 轻松停车

在未来，车越来越多，路越来越窄，车位越来越少，未来汽车为了能解决这些问题，把驾驶舱设计得可以旋转，在仪表板上，有一个猴头一样的装置，它能够说英语和日语，可以帮助你指路，做你的向导。这辆车由小巧的锂离子电池驱动，它的轮子同样也可以90°旋转。停车车空间狭小？没关系，旋转车轮和驾驶舱，横向开动它，轻而易举地停入车位。

在未来的世界，各种各样的新颖的东西将为人们服务，使人们的生活越来越美好。

第二章 铁路交通

> 条条大道通罗马

不管汽车交通和航空如何发达,还是不能把铁路交通落下,发展高速铁路交通、城市高架轻铁和地铁是势在必行的。

在任何一个发达或者较发达的国家,其铁路交通都要比公路好,因为铁路受外界的干扰很小,而且其速度和运量都很高,还很稳定,而公路和航空的稳定性则完全不能和铁路交通相比。

铁路交通在发达国家体现得十分明显,如:美国、日本、法国、德国等。以日本为例,日本的铁路交通几乎覆盖到了城市和村落的每个角落,同时,城际电车也几乎是日本人日常必须的交通工具,他们不分阶层、身份和地位都乘坐地铁和城际电车。为什么大部分人愿意选择铁路交通作为出行的代步工具呢?因为汽车除了面对堵车、燃料和安全问题外,有时还需要等停车位,于是越来越多的人愿意选择拥有稳定性、高速性、定时性、廉价性、便捷性的地铁或者火车出行。

铁路交通是一个国家可持续发展的选择,也是社会发展的需要,它将是未来交通发展的趋势。尤其在人口密集的中国,更应该重视铁路交通的建设。

本章主要介绍了高速列车、摆式列车、磁悬浮列车等铁路交通工具和对未来列车的展望。

第二章 铁路交通

高速列车

高速列车是指时速达到或超过200千米每小时的的火车，也就是人们所说的"高铁"。21世纪，人类的铁路交通已经进入了"高铁"时代。

在20世纪50年代初，法国就率先提出了高速列车的设想，并最早开始进行研究和试验工作。世界上最早的高速列车为日本的新干线列车，1964年10月开通。1976年，用柴油电动机车牵引的高速列车在英国投入使用，这是当时英国最快的载客列车，最高时速达200千米。接下来，很多国家相继修建高速铁路，列车运行速度也一再提高。

到目前为止，开通高速列车的

> 条条大道通罗马

国家有法国、德国、意大利、日本、英国、俄国、瑞典等国。这些国家中，法国的TGV系列创下了运营速度之最，其速度在1993年曾达到时速515千米。

目前，高速列车只是在现有的电力机车、柴油机车和铁路的基础上，对列车的行走系统、动力系统、车厢外型和路轨系统等加以改进，事实上根本没有改变传统铁路和火车的原貌。除了在牵引机车方面进行了改进以外，人们还在轨道等方面进行了新的尝试，如日本、美国、西德等国家修建了一些短程的单轨铁路。但是，由于建造费用庞大，而且比普通的铁路复杂得多，更不能适应长途重载铁路的需要。因此，这种铁路最终没有得到采用。

在这样的情况下，高速列车是否能够一直提速呢？其回答是否定的。因为传统路轨系统和牵引机车

第二章 铁路交通

等方面的问题,如轮、轨的摩擦难以克服,所以要进一步提高车速,其困难是非常大的。要想使铁路交通有大的进步,有质的飞跃,就需要在路轨和牵引机车等方面进行研究,采用全新的设计,如目前某些国家正在研制中的磁悬浮列车等。

但是,法国阿尔斯通公司还是做了一次尝试。阿尔斯通公司制造的V150型高速电气机车(TGV)在巴黎东南部的一段经他们特殊加固的铁轨上,达到了时速574.8千米,创下了新的有轨铁路行驶速度的世界纪录。在测试中,列车经过14分钟的不断加速,达到了574.8千米的时速,打破了17年前同样由TGV机车创造的时速515.3千米的纪录。

接着,法国铁路网、法国国营铁路公司、法国阿尔斯通运输公司三家公司联合召开了一次新闻发布会,宣布创造了这一最高时速的消息。

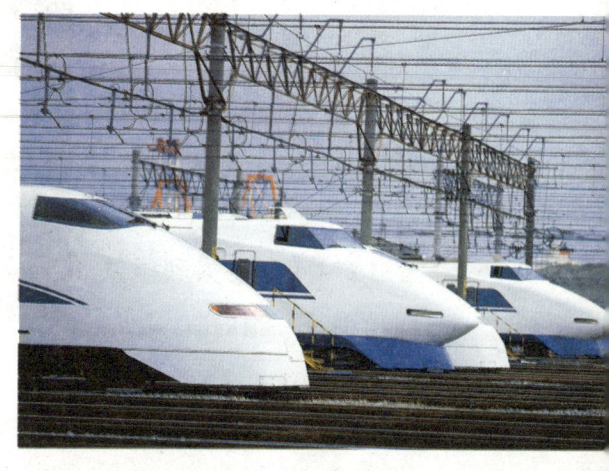

> 条条大道通罗马

摆式列车

1960年，意大利国家铁路局和菲亚特轨道车辆集团测试了一套可以倾斜单一座位的特殊系统，并将其安装在Aln688车型上。随后建造了第一台摆式列车YO16，并赢得"小摆钟"的雅号。

1974年，意大利国铁订购了四车一组的摆式原型列车ETR401。这种全世界第一组摆式列车经过深入的研究与测试，经过进一步改善加装了倾斜控制装置和悬承系统以及反偏驶阻尼器设计，以求最高的舒适度、安全性和行车速度，在1976年顺利交车。

1985年意大利开始为国铁制造15组9车一组的ETR450自动摆式电联车，该车在1988年开始在米兰和罗马之间运行，后来延伸到其他铁路网中，大大缩短了行车时间。虽然ETR450已经显得有些过时，但是目前仍然在使用。ETR450自动

摆式电联车自行驶以来，已行驶了 2600 万千米，载客量从 1988 年的每年 22 万人次增加到目前的每年 220 万人次。

摆式列车是当今国外广泛采用的一种先进技术。它与一般的列车的不同之处主要是，当列车进入弯道运行时，根据列车速度、弯道半径和轮轨作用力大小等情况，由动力车上的微机网络系统向列车发出信号，给出车辆应倾摆多少、什么时间开始倾摆等指令，并通过安装在车辆上的特殊装置向内侧倾斜，抵消离心力的作用，现有的摆式列车可以抵消 70% 的离心力，使列车可以较快速度通过弯道，有效提高列车的全线运行速度，同时，乘客也会由于列车在弯道上的自然适度倾斜而感到舒适。

摆式列车的优点主要是可以大幅度提高列车在弯道处的通过速度，实现全程提速。

> 条条大道通罗马

新研制成功的摆式列车,可以在弯道多、坡道多处大幅提高列车的运行速度,其运行速度可以提高20%至30%。摆式列车的外观采用鼓型设计,新颖美观;车辆内部设计体现了航空化、宾馆化,并增设了音响系统、温控装置、火警监测装置和酒吧间,使得旅客的旅行舒适度大为提高。

早期的摆式列车使用传统的伺服马达,还会让乘客有晕车的感觉。因为伺服马达不能对转弯时产生的转向力即时作出反应,这些微小的差别引起了极为轻度的摇晃。虽然只是轻微的摇晃,但是会使乘客有晕车的不舒适感。摆式列车的种类多样,主要有下列:

1969年,首列摆式列车UAC在

第二章 铁路交通

加拿大国家铁路投入服务,一直在多伦多至蒙特利尔之间行驶,直至1984年。

意大利的Pendolino摆式列车最初由菲亚特制造,ETR401型最先在1975年投入服务。20世纪80年代,Pendolino研制非常成功的ETR450型,在欧洲其他国都使用得较为广泛。

英国在20世纪70至80年代曾研究研制出名为APT的摆式列车,但由于技术原因没有投产。最后英国将知识产权转移给意大利的Pendolino。

加拿大之后也研发出LRC摆式列车。LRC的车辆是独立的,由动力辅助摆动,可以跟普通非摆式的车辆混合行走。LRC1980年首先在美国铁路乘客公司行驶,接着又在加拿大使用至今。

1978年,德国的403型摆式列车投入使用,在法兰克福提供机场铁路服务。

2000年8月,瑞士的ICN摆式列

> 条条大道通罗马

车开始提供服务，行走于日内瓦经苏黎世至圣嘉伦之间。

现代的摆式列车能够透过讯号系统知道前面路轨的弧度，准确改变每一车辆的倾侧。因此，乘客几乎很难感觉到晕车等不舒适感。

台湾铁路局向日本日立公司采购的与日本JR九州"885系列"车同型的倾斜式列车命名为太鲁阁号，2007年底在台北至花莲间投入使用。

日本也有很多摆式列车，称为振子列车，而且都是在窄轨上行走。

目前，欧洲铁路上奔驰着一种快速列车，从意大利的罗马到米兰600多千米路程，只需要4个多小时，这就是意大利研究开发的摆式列车。

摆式列车在世界上很多国家运用得十分广泛，我国也有自己的摆式列车。

2003年5月，我国自主设计研制的首台摆式列车牵引动力车——普天号在大连机车车辆厂问世，并与唐山机车车辆厂制造的摆式车厢组成摆式列车，这样就填补了我国这一产品领域的空白。

普天号摆式动车组装用12V240ZJD-1型柴油机，机车标称功率为3250千瓦，采用微机网络控制以及国际领先的径向全悬挂转向架。

第二章 铁路交通

唐山机车车辆厂和南京浦镇车辆厂还研制了时速为160千米的动力分散内燃液力传动摆式动车组。该摆式列车采用了德国先进的机电主动倾摆技术,曲线通过速度将比普通客车提高20%~30%。列车编组为4至5节车厢,并且运用了大量的先进技术,还可以采用两种编组方式运行,这样就能更好地保证列车的安全性和可靠性。

中国的摆式列车在通过曲线时,车体可实现0~8度的倾摆,大大提高了旅客乘座的舒适性;同时,还采用了技术先进的径向转向架,有效减小列车通过曲线时的轮轨作用力和轮轨磨耗,所以曲线通过速度将比普通客车提高20%~30%。

我国动车组客室分一等车和二等车,全列提供旅客电视系统,一等车设有商务包间和旅客信息系统,旅客可选择100余套影视节目,同时可进行网上游戏和相关旅游信息的查询。动车组内部装修简洁、明快、舒适、优美,全列各门均为自动拉门,为旅客提供安全舒适的旅行环境。

> 条条大道通罗马

磁悬浮列车

◆ 磁悬浮列车概述

磁悬浮列车是一种没有车轮的陆上无接触式有轨交通工具，它主要是靠磁悬浮力（即磁的吸力和排斥力）做无摩擦的运动的列车，时速可达到500千米以上。悬浮列车轨道的磁力使之悬浮在空中，行走时不需接触地面，只是做无摩擦的运动。因此，其阻力只有空气的阻力。磁悬浮列车克服了传统列车车轨粘着限制、机械噪声和磨损等问题，并且具有启动、停车快和爬坡能力强等优点。

磁悬浮技术的研究最早源于德国，德国工程师赫尔曼·肯佩尔早在1922年就提出了电磁悬浮原理，并且在1934年申请了磁悬浮列车的专利。20世纪70年代以后，随着世界工业化国家经济实力的不断加强，为提高交通运输能力以适应其经济发展的需要，德国、日本等发达国家相继开始筹划进行磁悬浮运输系统的开发。

第二章 铁路交通

目前磁悬浮系统的设计，主要有两个方向，分别为德国所采用的常导型和日本所采用的超导型。从悬浮技术上讲就是电磁悬浮系统（EMS）和电力悬浮系统（EDS）。

德国曾在20世纪80年代在柏林铺设磁悬浮列车系统。该系统设有三个车站，长度1.6千米，无人驾驶，于1989年8月开始试验载客，1991年7月正式服务。后来由于政治原因，柏林墙倒塌，该线于运行两月后改为普通轮轨列车行走。

2001年，德国的Transrapid公司在中国上海浦东国际机场至地铁龙阳路站兴建磁悬浮列车系统，并于2002年正式启用。该线全长30千

> 条条大道通罗马

米，列车最高时速达430千米，由起点至终点站只需八分钟。

2003年，四川成都青山磁悬浮列车线完工。该磁悬浮试验轨道长420米，主要针对观光游客，票价低于出租轿车费。

日本现在的山梨县试验线使用低温超导磁铁，该线列车的最高速度达每小时580千米，是世界之最。

2006年4月30日，中国第一辆具有自主知识产权的中低速磁悬浮列车在四川成都青城山一个试验基地成功通过室外实地运行联合试验。

◆ 磁悬浮列车的优势

磁悬浮列车是人类进步的一个方面，是科学技术进步的一个重要标志。

磁悬浮列车在整体上来说，具

第二章 铁路交通

有环保、高速、舒适、经济和低噪音的特点。

磁悬浮列车采用电力驱动，其需求与发展不受能源结构，尤其是燃油供应的限制，也不排放有害气体，符合可持续发展的总方向。

据专家介绍，磁悬浮线路的造价只是普通路轨的85%，而且运行时间越长，效益会更明显，因为磁悬浮列车的路轨寿命可达80年，而普通路轨只有60年。磁悬浮列车车辆的寿命是35年，轮轨列车是20至25年。此外，磁悬浮列车的年运行维修费仅为总投资的1.2%，而轮轨列车则高达4.4%。磁悬浮高速列车的运行和维修成本约是轮轨高速列车的四分之一，而磁悬浮列车和轮轨列车乘客票价的成本比约为1∶2.8。

磁悬浮列车从北京到上海，总共花的时间不超过四个小时，从杭州到上海仅仅需要23分钟。当时速达到200千米时，乘客在车厢里几乎听不到声响。

◆ 磁悬浮列车的不足

磁悬浮列车虽然有很多优点，但同样也有不足之处。

> 条条大道通罗马

　　因为磁悬浮系统是凭借电磁力来实现运行、悬浮、驱动和导向功能的，一旦断电，磁悬浮列车将会发生非常严重的安全事故。至今，断电后磁悬浮的安全保障措施问题仍然没有得到完全解决，这也是磁悬浮列车今后研究的一个重点。

　　磁悬浮还有一个很大的缺点是它的车厢不能实现变轨，不能像轨道列车那样可以从一条铁轨借助道岔进入另一条铁轨。磁悬浮列车如果两条轨道双向通行，一条轨道上的列车只能从一个起点驶向终点，到终点后，原路返回。而不能像其他轨道列车可以换轨到另一条轨道就立刻返回。因此，一条轨道只能容纳一列列车往返运行，造成了资源、时间等的浪费。这样一来，磁悬浮轨道越长，使用效率越低。

　　除此之外，磁悬浮车的磁场非常强，磁场辐射对人体健康、生态环境的平衡与电子产品的运行都会产生一些不良的影响。

第二章 铁路交通

重力列车

重力列车是一种集现代化高科技于一身的未来新型车。重力列车不是在通常轨道上行驶，也不是利用通常的"动力资源"，而是利用重力作为列车前进的动力。开行重力列车的基本条件是必须具有下坡路轨和上坡路轨。列车靠下坡轨面起动、加速、储能，靠上坡轨面减速、停车。电子计算机的全面使用，则是重力列车构想中不可缺少的重要环节。重力列车所用的能源清洁，运行中无污染、低噪音，与现行列车相比具有明显优势。

20世纪末，工业经济所造成的生态危机、能源危机、人口爆炸接踵而来。而能源危机直接威胁到了21世纪人类的生存。在这样的情况下，人们不得不对铁路交通这种高能耗、高浪费的能源利用方式提出质疑和反思。各国科学家也提出了多

> 条条大道通罗马

种替代能源的方案，其中引入地球重力作为一种清洁能源的构想，被认为是一种极富创意的方案。伴随着这种能源利用途径的试验成功，

第二章 铁路交通

未来将会出现以重力为主要能源的无污染列车。古希腊科学家亚里士多德虽然很早就认识到了重力的客观存在，但他却得出了"物体下落速度和重量成正比"的错误结论。

前人的研究使牛顿发现了宇宙中一切有质量的物体之间都存在着相互引力，并提出了万有引力定律，从而揭开了重力之谜。重力的客观存在使人类能安全地生活在地球之上，但是人类还没有把它当成能源来主动利用。在科技大发展的今天，重力资源的作用是十分重要的。在当代电子计算机技术、自动控制技术和各种新型动力系统技术全面发展的条件下，如果人们对地球"重力能量"加以引导、控制，把"重力能量"与其他新兴现代化动力技术有效结合起来实现综合利用，也许能让地球重力为世人提供用之不竭的清洁能源。

开行重力列车的基本条件是必须具有下坡路轨和上坡路轨，这也是和既有铁路的显著区别之一。现

> 条条大道通罗马

有的铁路尽量限制坡度，而重力列车的钢轨必须铺设在有较大坡度的路基上。这就是说，重力列车不是在通常轨道上行驶，也不是利用通常的"动力资源"，而是利用重力作为列车前进的动力。简单来说，列车靠下坡轨启动、加速、储能，靠上坡轨减速、停车。

当列车本身以重力能源为主的所有可供上坡的"自产"驱动能源仍不能满足需要时，还可以利用地面站向列车输送清洁能源。这种输送可以在停站时预先进行，也可以在列车运行中进行。既然地面可向卫星、导弹、飞船、航天飞机发射激光束将其摧毁，那么就有可能用激光束向列车接受装置传输能量，以驱动列车爬上山坡。

为了避免上坡时轮轨之间的摩擦减少能源，必要时可利用"气垫""磁浮"等新兴动力技术。重力列车是一种集多种现代化高科技于一身的未来新型列车，而计算机的全面使用，则是重力列车构想中不可缺少的重要环节。

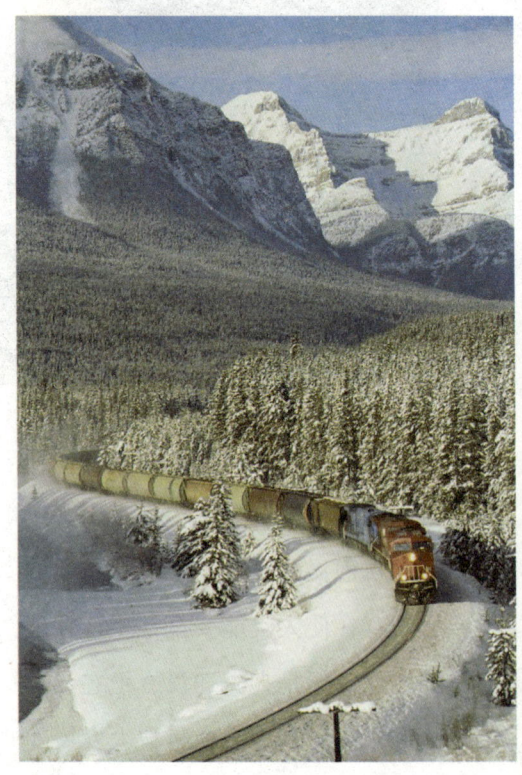

第二章 铁路交通

例如对列车安全系统的总体控制，列车上下坡速度控制及随机制动，多种限速负载的启动、增减，能量转换和存储等自动选择及协调控制，可控制能量使用、转换、负载调整，上下坡及过曲线时车体保持稳定、平衡的最佳行车状态，列车自动驾驶系统及新兴动力系统的控制，通信及自动信号系统等都离不开计算机。

重力能源列车所用能源清洁，运行中无污染，低噪音，与现代列车相比较具有明显的优势。

◆ 展望未来

未来列车不仅面临着更高运行速度、更低噪声水平和更少环境干扰的挑战，而且还面临着更低造价、更低运营成本和更低能耗的考验。如何处理和解决这些相互对立的矛盾，将成为未来列车发展的主要研究方向。

日本的新日本铁路公司宣布了一项列车设计的新原则，即短寿命的"一次性"设计概念。这个概念，是把原来两列车设计的30年使用寿命一下子缩短到13年。首批按"短寿命"原则设计而成的两

> 条条大道通罗马

个E217系列车族已于1995年正式投入到商业运作。该列车采用了使用周期内几乎无需保养的零部件，确保13年内列车不大修。采纳设计原则的专家们认为：过长的使用寿命反而会增加列车的制造成本和维修费用。

奥地利铁路公司也正在改变传统的列车设计思想。1994年，首次运用了全模块式的结构设计技术，并生产出首批40辆模块式列车。这种模块式列车全部采用标准模块组装而成。它可以根据客户需要灵活地组装出包括双层列车在内的不同等级、不同用途的列车。奥地利铁路公司负责人称，采用此种方式生产列车可使成本降低30%，并且还可以满足乘客的各种需要。

在21世纪的今天，铁路作为一种现代化的交通工具必将获得新的生命力。毫无疑问，今后铁路列车无论是在设计思想、制造技术还是在车体整体的结构、材料装饰等方面都将有一个新的巨大突破，未来的铁路列车前途一片光明。

第三章 水上交通

> 条条大道通罗马

在古代，人们远行最为重要的一个途径是河海运输。

中国地势西高东低，黄河、淮河、长江、珠江等主要大河都是由西向东流，中国各条大河的支流之间相互交织，相距很近，这些大河的中下游又地势平坦，湖泊星罗棋布，非常便于水上运输。因此，聪慧而勤劳的中国人民为了生存和发展，便利用天然的内河、湖泊和海洋进行航运，同时，还很早就设计并开挖人工运河，接通天然河道，扩大了航运范围。

到了现代社会，水上运输更是不能缺少的一种交通方式，小到个人渔船出行，大到现代的船舰等都与水上交通有关。水上交通对一个国家来讲至关重要。

本章主要介绍水上交通中最为重要的交通工具——船。

第三章 水上交通

客 船

客船是指专门用于运送旅客及其可携带行李的船舶。兼运少量货物的客船也称客货船。客船多为定期定线航行，故又称班轮或邮轮。根据《国际海上人命安全公约》公约规定，凡载客超过12人以上船舶，不管其是否装载了货物均称为客船。

客船一般具有以下特点：有完善的上层建筑，用以布置各种类别的客舱及一些服务舱室；对救生、防火、抗沉等安全要求严格；设有完善的餐厅、卫生和娱乐设施，有较高的舒适性，具有良好的隔声、避震性能；有较高的航速和功率储备；配有足够的救生设备、消防设备和通信设备。有些客船还设置了减摇装置以改善航行环境。客船通

> 条条大道通罗马

常航线固定、航班定期。客船的航速较高，一般为16~20节，大型高速客船可达24节左右。

由于航空运输的发展，海上客船已转向沿海和近海短程运输，并多从事旅游业务，而内陆水域的客船仍是许多国家的一种重要客运工具。按照航行地点方式的不同，可将客船分为海轮、渡轮、江轮等，其中海轮距离又可分作近海和越洋两种，其中越洋的海轮客船已转为观光旅游功能式的游轮。通常，客船可分为以下五种类型。

◆ 海洋客船

海洋客船也称海洋客轮，包括远洋和沿海客船。远洋客船原多兼运邮件，故又称邮船。大型远洋客船已于20世纪70年代停止建造。

远洋客船一般吨位大、航速高、设备齐全，有为旅客准备的舒适的生活条件。在航空运输兴起以前，国际邮件主要靠远洋客船运送，故这类船又称为邮船。

远洋客船的吨位一般在2~3万吨，最大的可达7万吨（均为重量吨）；航速较高，约29节左右，最高可达36节。近海、沿海客船的吨

第三章 水上交通

位在1万吨左右,航速为18~20节。

沿海客货船一般小于6000总吨,航速为每小时14~18海里,客舱等级较多,载货量较大。中国沿海的"长征"型客货船为5926总吨,长124米,6层甲板,功率9000马力,航速每小时18海里,能载运旅客约900人和货物2000吨。

◆ 汽车客船

汽车客船是在20世纪60年代以后兴起的船种。除载客外,它还能同时载运一定数量的旅客自备汽车。这种客船在舯部或艉部设置跳板,以供旅客自备的小型客车驶进船上的车库。

> 条条大道通罗马

汽车客船以运输旅客及其携带的自备轿车为主,在港时间极短,效率高。现今海上运输发达国家的重要中短程定期航线和列车渡船航线基本上都已采用汽车客船。汽车客船多在4000总吨以下,可载客700~1000人;部分为卧舱,部分为娱乐散座舱;车客比(汽车数与旅客数之比)为10%~20%,航速每小时16~18海里;吃水较浅,船宽较大,采用双桨单舵;设防摇鳍和侧推装置,主机为中速柴油机;机舱各出入口置于舷侧以利上甲板下的车辆甲板(一层或二层)前后贯通,汽车多由首尾大开门经过码头的活动桥上下船。近年来由于旅游业发达,在欧洲国际航线上出现了总吨超过万吨、车客比达33%、航速大于每小时20海里的高速大型汽车客船。这种船因在外形上进一步利用空间而愈加方整,船内设备更加豪华。

第三章 水上交通

◆ 高速客船

高速客船是高速航行的客船,其中包括水翼船和气垫船,具有速度快、适航性好的特点,多用于短途运输。

高速客船是20世纪60年代出现的一种速度很快的短程客船,多航行于海峡和岛屿间。船体和主机都较小、较轻,航速由早期的每小时18海里增加到27海里左右。水翼船和气垫船也属于小型高速客船,可航行于江河湖泊和海峡上。1980年日本制成小水线面双体客船,这种船将舱室甲板以小截面支柱支撑在两个潜没水中的浮体上,使船体高离海面,减少了波浪对船体的扰动,改善了适航性并提高了航速。

> 条条大道通罗马

◆ 内河客船

内河客船是指航行在江河湖泊上的传统客船。其载客量较小，速度较慢，设备也较海洋客船简单。

内河客船主体结构较单薄，如果航段流速小于每秒3米，可不设双层底。这种船一般有两层甲板，干舷较低，因航段应变方便所以安全要求较海船为低。上层建筑多延及首尾并向舷外挑伸以增大载客面积。内河客船是现今浅水江河湖泊的大型船，航速一般为每小时12~16海里。中国长江干线上的内河客船主要为"东方红"型，船长113米，总吨5050吨，可载客1250人，平均航速约为每小时25海里。

货　船

货船是以载运货物为主的，载客在12人以下的船舶。其大部分舱位是用于堆贮货物的货舱。货船的船型很多，大小悬殊，排水量从数百吨至数十万吨不等。货船主要有以下几种类型。

◆ 干散货船

干散货船又称散装货船，专用于运送矿砂、化肥、煤炭、水泥、钢铁、谷物等散装物资。目前，其数量仅次于油船。干散货船的特点是：内底板与舷侧以向上倾斜的边板连接，便于货物向货舱中央集中，甲板下两舷与舱口处有倾斜的顶边舱以限制货物移动；驾驶室和机舱布置在尾部，货舱口宽大；有较多的压载水舱用于压载航行。为便于货物向货舱中央集中，甲板下两舷与舱口处有倾斜的顶边舱以限制货物移动。干散按载运货物的不同，可以分为矿砂船、散装化肥船、运煤船、散装水泥船等。

> 条条大道通罗马

◆ 杂货船

杂货船又称普通货船、通用干货船或统货船，主要用于装载一般包装、袋装、箱装和桶装的件杂货物。由于件杂货物的批量较小，杂货船的吨位亦较散货船和油船为小。典型的杂货船载货量在1~2万吨左右，新型的杂货船一般为多用途型，既能运载普通件杂货，也能运载散货、大件货、冷藏货和集装箱。

杂货船的特征是货舱被设计成多层甲板结构，通常为2~3层甲板；为便于装卸，各货舱的舱口尺寸均较大，并配吊杆（2~5吨）或起重机（120吨）；一般设3~6个货舱。

杂货船定期航行于货运繁忙的航线，以装运零星杂货为主。这种船

第三章 水上交通

航行速度较快,船上配有足够的起吊设备,船舶构造中有多层甲板把船舱分隔成多层货柜,以适应装载不同货物的需要。

甲板或舱盖上也可堆放集装箱。集装箱船的货舱口宽而长,货舱的尺寸按载箱的要求规格化。集装箱规

◆ 集装箱船

集装箱船又称箱装船、货柜船或货箱船,是一种专门载运集装箱的船舶。其全部或大部分船舱用来装载集装箱,往往在

> 条条大道通罗马

货箱的固定。其甲板和货舱盖是平直的，上面可以装3~4层集装箱。半集装箱船在部分货舱装运集装箱，其他货舱装运杂货或散货。

集装箱装载货物是事先将货物装入集装箱内，再把集装箱装上船。这种运输方式的优点是装卸效率高、劳动强度低、货损货差少和便于开展多式联运。目前，集装箱运输发展很快，已成为件杂货的主运输方式。

格有40英尺（40×8×8英尺）和20英尺（20×8×8英尺）两种。

集装箱船基本上可以分为全集装箱船和半集装箱船两大类。全集装箱船的货舱和甲板均能装载集装箱。货舱内设有格栅式货架，以利

集装箱船的货舱舱口很大，为了保证船体强度而采用双层船壳。这种船不仅装卸效率高，船速也较

第三章 水上交通

快,多在20千牛以上。目前,已建造的第六代集装箱船可装载8000个集装箱。集装箱船具体可分为可变换集装箱船、全集装箱船和部分集装箱船三种:

一是可变换集装箱船:其货舱内装载集装箱的结构是可拆装式的。因此,它既可装运集装箱,必要时也可装运普通杂货。

二是全集装箱船:指专门用以装运集装箱的船舶。它与一般杂货船不同,其货舱内有格栅式货架,装有垂直导轨,便于集装箱沿导轨放下;四角有格栅制约,可防倾

倒。集装箱船的舱内可堆放三至九层集装箱，甲板上还可堆放三至四层。

三是部分集装箱船：仅以船的中央部位作为集装箱的专用舱位，其他舱位仍装普通杂货。

集装箱船航速较快，大多数船舶本身没有起吊设备，需要依靠码头上的起吊设备进行装卸。这种集装箱船也称为吊上吊下船。

◆ 冷藏船

冷藏船是专门载运如蔬菜、水果、鱼类和肉类等需冷藏的货物的船舶。该船往往设多层甲板，货舱内通常分隔成若干独立的封闭空间。船上具有大功率的制冷装置，可以在比较恶劣的环境中，使各冷藏货舱内保持货物所需的适当温度。

◆ 滚装船

滚装船是利用车辆上下装卸货物的多用途船舶，最初亦称开上开下船或滚上滚下船。滚装船将装有集装箱等大件货物的挂车和装有货物的带轮的托盘作为货运单位，由牵引车或叉车直接进出货舱进行装卸。滚装船通常在船尾设有货门和跳板，车辆可通过跳板、货门和各层甲板间的活动的斜坡道或升降平台直接驶入各层甲板。所以滚装船因不需要船上或码头上传统的起货设备而获得了很高的装卸效率。船舶靠码头装卸时，先从船尾放下跳板到岸上，由拖车把货箱拖入船舱。它的结构特殊，上甲板平整，无舷弧和梁拱，无起货设备，甲板层数多（2～4层），货舱内支柱少，甲板为纵通甲板。造价高。航速16～18千牛。

第三章 水上交通

我国水上交通发展规划

中国的水上交通一直以来都很发达，新中国成立后，我国在水上交通更是得到了飞速发展，在全国建成了一个巨大的水上交通运输网。

在水运主管道方面，我国政府按照我国生产力发展水平布局和水资源"T"形分布的特点，重点建设贯通了东南沿海经济发达地区的海上运输大通道和主要通航河流的内河航道。

我国水运主通道总体布局规划是发展"两纵三横"共5条水运主通道。"两纵"是沿海南北主通道，京航运河淮河主通道；"三横"是长江及其主要支流主通道，黑龙江松花江主通道，西江及其主要支流主通道。除沿海南北主通道外，内河主通道由通航千吨级船队的四级航道组成，共20条河流，总

> 条条大道通罗马

道，是全国水运网的主骨架，是国家综合运输大通道的重要组成部分。它们是高等级的先进运输工具、航运基础设施、完善的安全保障及后勤服务系统的综合体。这些水运主通道的主要功能是：提供高效、通畅、优质的运输条件，现代化的运输管理，舒适的运输环境和综合性的服务设施。

"九五"后两年，我国积极建设沿海南北高效水运主通道，逐步实施对长江口、珠江口深水航道的整治，重点建设长江干流、西江干流、京杭运河（济宁到杭州段）水运主通道和长江三角洲航道网、珠江三角洲航道网，形成"一纵两横两网"全线贯通的格局。长江口深水航道的建设，为上海成为国际航运中心创造了有利条件。内河航道的建设，使三级以上内河航道通航里程达到8600千米以上，并且航道质量有所改善，内河航运的优势得以显现。

长1.5万千米左右。这些主通道连接了17个省会和中心城市，24个开放城市和5个经济特区。

我国水运主通道是国家级航

第四章 航空运输

> 条条大道通罗马

　　航空运输是使用飞机、直升机及其他航空器运送人员、货物、邮件的一种运输方式。它具有机动、快速的特点，是现代旅客运输，尤其是远程旅客运输的重要方式，在国际贸易中的贵重物品、鲜活货物和精密仪器运输中不可或缺。

　　航空运输始于1871年。当时普法战争中的法国人用气球把政府官员和物资、邮件等运出了被普军围困的巴黎。1918年5月5日，飞机运输首次出现，航线是从纽约—华盛顿—芝加哥。接着在同年的6月8日，伦敦与巴黎之间开始定期邮政航班飞行。

　　飞机的各种技术性能不断改进，航空工业的发展促进了航空运输的发展。第二次世界大战结束后，世界范围内逐渐建立了航线网，以各国主要城市为起讫点的世界航线网遍及各大洲。

　　本章着重介绍航空运输的发展、特点、种类、未来空中交通网等。

第四章 航空运输

航空运输的发展

早在战国时期，我国就出现了载人飞行器。《墨子·鲁问篇》记载："公输子削竹以为鹊，成而飞之，三日不下。"这里的"公"是指春秋战国时期的思想家、墨家派的创始人——是墨翟，是墨翟发明了最早的飞行器。

1783年，约瑟夫·蒙戈菲尔和艾蒂安内·蒙戈菲尔兄弟是法国里昂附近的安诺地的造纸工人。在这年的6月5日，蒙戈菲尔兄弟受炊烟上升现象的启示，做了一个丝质球形口袋，并将这个口袋底朝上，口朝下，通过燃烧稻草和木柴，使袋内的空气受热，气球就离地升起，大约飞了一英里半。这便是欧洲最早出现的热空气气球。蒙戈菲尔兄弟研制的第一只热气球试验成功后，接着他们又花了三个月时间做了一个大气球，形状像只大鸭梨，其直径最大处有12米，长17米。球体的表面蒙上了轻质的纱布，上面还糊了一层防止漏气的纸。他们希望这只气球会带来更大的浮力。

1783年9月19日，蒙戈菲尔兄弟带着气球来到法国首都巴黎表演。凡尔赛宫前的广场上挤满了看

墨翟

> 条条大道通罗马

热闹的人群，法国国王路易十六也带着权贵和随从官员到现场观看。蒙戈菲尔兄弟点燃气球下的稻草和柴草，等到热空气充满气球后，放开气球，于是热空气便托着这只巨大的气球，慢慢上升，飞到离地500米的空中。8分钟后，气球在3千米以外安全降落了。热气球是西方世界最早飞上天的工具。

飞机是人类在20世纪所取得的最重大的科学技术成就之一，它与电视和电脑并列为20世纪对人类影响最大的三大发明。

但是，关于谁是世界上最早的飞机的发明者，各国存在争议：美国人认为飞机的发明者是美国人莱特兄弟，他们于1903年12月17日在美国试飞成功。一部分人认为他们发明了历史上第一架飞机。法国人认为世界最早的飞机是由法国人克雷芒·阿德尔发明的，他于1890年10月9日在法国试飞成功。巴西人认为飞机是巴西人阿尔贝托·桑托斯·杜蒙特发明的，1906年10月12

第四章 航空运输

日桑托斯·杜蒙特的飞机成功地飞至60米高空，是世界上第一次成功的动力飞行，之前的飞行都没有达到真正意义上"飞"的标准。

虽然各国至今仍对此存在很大的争议，但是目前世界上普遍认为是美国人莱特兄弟发明了飞机。

1903年，美国莱特兄弟设计制造的飞机进行了成功的飞行，这是世界上首次实现重于空气的航空器的有动力、可操纵的飞行。从飞机发明以后，人类的活动空间终于突破了重力和二维空间的限制，有了更为广泛的自由。

从此以后，以飞机为代表的航空器首先在军事领域得到广泛应用，继而在人类社会生活的各个方面发挥了日益重要的影响。

到目前为止，航空运输和铁路运输、道路运输、水上运输等其他运输方式一起，构成了整个运输业。从肩扛手提到木牛流马再到火车飞机，运输方式的质的飞跃给人类社会的进步带来了巨大的物质财富和生活方式的深刻变革，促进了历史发展和社会进步。

> 条条大道通罗马

航空运输的特点

航空运输与铁路运输、道路运输、水上运输是不同的，航空运输有它独特的特点。

航空运输主要有以下几个特点。

◆ 国际性

航空运输已经成为现代社会最重要的交通运输形式，成为国际间政治往来和经济合作的重要纽带，既包括国际间的激烈竞争，也包括各国间的友好合作。航空运输的运价、技术标准、服务、经营管理和法律法规的制定和实施等，都要受国际统一标准的制约和国际航空市场的影响。

◆ 商品性

航空运输所提供的是一种特殊形态的产品——"空间位移"，其产品形态是改变航空运输对象在空间上的位移，产品单位是"人千米"和"吨千米"。航空运输产品的商品属性是通过产品使用

第四章 航空运输

人在航空运输市场的购买行为最后实现的。

◆ 准军事性

人类的航空活动首先投入的是军事领域，然后才转为民用。现代战争中制空权的掌握是取得战争主动地位的一个重要因素。因此很多国家在法律中规定，航空运输企业所拥有的机群和相关人员在平时服务于国民经济建设，作为军事后备力量，在战时或紧急状态时，民用航空即可依照法定程序被国家征用，服务于军事上的需求。

◆ 资金、技术、风险密集性

航空运输业是一个高投入的产业，无论是运输工具，还是其他运输设备都价值昂贵、成本巨大，因此其运营成本非常高。航空运输业

> 条条大道通罗马

由于技术要求高，设备操作复杂，各部门间互相依赖程度高，因此其运营过程中风险性大。任何一个国家的政府和组织都没有相应的财力，像贴补城市公共交通一样去补贴本国的航空运输企业。出于这个原因，航空运输业在世界各国都被认为不属于社会公益事业，它都必须以盈利为目标才能维持其正常运营和发展。

资格限制较严，市场准入门槛高，加上历史的原因，使得航空运输业在发展过程中形成了自然垄断。

◆ 服务性

航空运输业属于第三产业，是完全的服务性行业。它以提供"空间位移"的多寡反映服务的数量，又以服务手段和服务态度反映服务的质量。这一属性决定了承运人必须不断扩大运力满足社会上日益增长的产品需求，还要遵循"旅客第一，用户至上"的原则，为产品使用人提供安全、便捷、舒适、正点的优质服务。

◆ 自然垄断性

航空运输业投资巨大，资金、技术、风险高度密集，投资回收周期相对较长，对航空运输主体

知识小百科

中国第一批女飞行员

1951年初,党中央、中央军委作出一项决定:为新中国培养第一批女飞行员。于是,从华东军政大学、航空预科总队挑选出来的55名女战士奔赴牡丹江第7航空学校学习飞行。

在这55名女学员中,只有14名是学飞机驾驶的。她们是来自湖南的周真明、万婉玲、周映芝,上海的何月娟、黄碧云、施丽霞、阮荷珍、陈志英,浙江的戚木木、邱以群,广东的王坚、伍竹迪、秦桂芳和河南的武秀梅。

经过艰苦的训练,她们在教员的指导下飞行成功。当时飞的是日本的PT—19飞机,学员在前舱飞行,教员在后舱保驾。操纵杆前后连在一起,一杆两动。

1952年3月8日在西郊机场飞行表演成功,14名姐妹为中国的天空创造了一片辉煌。

> 条条大道通罗马

航空运输的种类

航空运输根据不同的分类标准，可划分为不同的种类。

（1）按航空运输的性质来分，可把航空运输分为国际航空运输和国内航空运输两大类。根据《民航法》第一百零七条的定义，所谓国际航空运输，是指根据当事人订立的航空运输合同，无论运输有无间断或者有无转运，运输的出发地点、约定的经停地点和目的地点之一不在中华人民共和国境内的运输。所谓国内航空运输，是指根据当事人订立的航空运输合同，运输的出发地点、约定的经停地点和目的地点均在中华人民共和国境内的运输。这一定义是

第四章 航空运输

参照中国已参加的《海牙议定书》和《华沙公约》的规定的主要精神制定的，决定航空运输性质的唯一标准是运输的"出发地点""目的地点"和"约定的经停地点"是否均在中国境内，而确定"出发地点""目的地点"和"约定的经停地点"的依据则是当事人双方订立的航空运输合同，即双方当事人的事先约定，一般不考虑在实际履行该运输合同过程中是否因故而实际地改变了航路。值得注意的是在没有相关证明时，在客票、行李票等运输凭证上注明的关于"出发地点""目的地点"和"约定的经停地点"的内容即为确定该次航空运输的"出发地点""目的地点"和"约定的经停地点"的依据。判断航空运输性质时，不考虑运输有无间断或有无转运。

那么，如何正确理解"约定的经停地点"呢？1936年7月13日，英国上诉法院判决的"格里因诉帝国航空公司案"时曾将其定义

> 条条大道通罗马

为:依照合同的约定,履行合同所使用的航空器在进行合同约定的运输过程中将要降停的地点,不论降停的目的是什么,也不论旅客有何种要在该地点中断其航程的权利。

其中,"约定的经停地点"不一定非要载入运输凭证才能构成"约定的"经停地点,只要在承运人的班期时刻表上公布就足以构成"约定的"经停地点。但是,根据《民航法》第一百一十一条、一百一十二条和一百一十六条的规定,在国际航空运输中,如果承运人不在运输凭证里注明在国外的"约定的经停地点",承运人将无权援用运输凭证所声明使用的国际航空运输公约

第四章 航空运输

有关赔偿责任限制的规定。

为执行商业航班飞行的航线飞机和用于通用航空的通用航空飞机两大类。

客机狭义指民航客机，是体型较大、载客量较多的集体飞行运输工具，用于来往国内及国际商业航班。民航客机一般由航空公司运营。

（2）按航空运输的对象来分，可分为航空旅客运输、航空旅客行李运输和航空货物运输三类。较为特殊的是航空旅客行李运输既可附属于航空旅客运输中，亦可看做一个独立的运输过程。航空邮件运输是特殊的航空货物运输，一般情况下优先运输，受《邮政法》及相关行政法规、部门规章等调适，不受《民航法》相关条文规范。

客机按驱动方式分为螺旋桨式客机、喷气式客机。客机按起飞重量与载客量分为小型、中型、大型。客机按航程分为短程、中程、远程。执行商业航班飞行的客机主

①旅客运输飞机

旅客运输飞机即客机，客机广义指民用飞机。民用飞机是指一切非军事用途的飞机，也称民航飞机。按各自的用途，民用飞机又分

> 条条大道通罗马

要分为干线客机、支线客机。

干线客机,一般指乘客座位数量在100座以上的,用于主要城市之间的主要航线的民航客机。主要的干线客机有:道格拉斯DC-9、DC-8、DC-10;麦克唐纳·道格拉斯MD-80、MD-90、MD-11;波音707、波音717、波音727、波音737、波音747、波音757、波音767、波音777、波音787;L-1011三星客机、星座客机;彗星客机、VC-10客机、三叉戟客机、BAC1-11客机、SE210快帆客机;空中客车A300、空中客车A310、空中客车A320、空中客车A330、空中客车A340、空中客车A350、空中客车A380;伊留申:伊尔-62、伊尔-86、伊尔-96;图波列夫:图-104、图114、图-154、图-204、图234;雅克-40 雅克-42;康维尔880、康维尔990等。

支线客机一般指乘客座位设计数量为35~100座位的小型飞机,承担局部地区短距离、小城市之间商业运载的民航客机。主要的支线客机有:ATR42、ATR72;BAe146;多尼尔328、福克F27、

第四章 航空运输

福克F50、萨博340；庞巴迪C系列；CRJ；Dash 8；ERJ145系列、ERJ170系列；安-24、安148；运-7及其衍生型新舟60、ARJ21翔凤客机；子爵、L188、DHC7；福克F27、福克F28、福克F50、福克100；萨博340、萨博2000；SSJ100等。

1919年，出现了专门设计的客机。英国最早制造了一架DH-16单发动机的4座客机。在后来层出不穷的螺旋桨旅客机中，美国研制的DC-3（1935年）曾被认为是最出色的。而20世纪50年代出现的喷气式客机，是民用航空技术的重大发展。

1956~1958年投入航线使用的客机，巡航速度在800千米/时以上，飞行高度在万米以上。代表性的客机有苏联的图-104、美国的波音707和DC-8、英国的"彗星"Ⅳ。20世纪60年代初出现的中、短程客机采用了耗油率较低的涡轮风扇发动机，机翼有高效率的增升装置，缩短了起降滑跑距离。

> 条条大道通罗马

代表性的飞机有美国的波音727、波音737、DC-9，英国的"三叉戟"。70年代出现的客机，机身很宽，大大提高了载客能力，由以前载客的100～150人增加到350～500人。代表性的机型有欧洲的A-300、美国的波音747、DC-10、L-1011、苏联的伊尔86。80年代初研制的中程客机的特点是低噪声、机载设备先进和省油。其代表性机型有美国的波音757、波音767、欧洲的A-310等。

20世纪20至30年代是航空史上的大发展时期，当时最成功的客机是道格拉斯公司的DC-3，其高载客量令航空公司有利可图。第二次世界大战后，民用航空界出现了巨大转变，大量飞机用作商业客运用途。

20世纪50年代，德·哈维兰公司制造的彗星客机是历史上第一种喷气式民航客机。波音公司的波音707则成为首款被广泛使用的喷气式民航客机。

20世纪70年代，波音公司的

第四章 航空运输

波音747成为历史上第一种宽体客机，其庞大的运力使航空旅行不再是奢侈的消费。英国、法国合作的协和超音速客机则是历史上第一种投入运营的超音速客机，但从商业角度讲它并不成功。

目前最大的民航客机是空中客车公司的空中客车A380。

世界上最为重要的四大主要客机生产商是：波音公司（总部在美国）、庞巴迪公司（总部在加拿大）、空中客车公司（总部在欧洲）和巴西航空工业公司（总部在巴西）。

> 条条大道通罗马

②货运飞机

货运飞机简称货机，指主要用于载运货物的运输飞机，货机通常专指用于商业飞行的民用货运飞机。

实际上，军用运输机也是货机，但它与民用货机有显著不同的特点。民用货机与航线客机相似，在永久性的大、中型机场起降。大多数民用货机由旅客机改装而成。为了装货的需要，除了将客舱内的座椅、装饰和生活服务设施拆卸外，还要将地板加强，提高承压能力。在货舱前侧设置较大的货舱门。门的高度在2米以上，宽度超过3米。货机还装设地板滚轮（棒）系统和起重吊车等，以便于装卸货物。货机在必要时可以恢复成旅客机或客货混用机（前舱装货，后舱坐人），这样的

第四章 航空运输

飞机通常称为可转换飞机。专门为货运而设计的民用飞机还很少,多是为运输某种特殊货物需要而将旅客机机身更改的。例如美国在20世纪70年代为了运送"哥伦比亚"号航天飞机,特地将一架波音747客机改装为航天飞机的载机。它用支架将航天飞机背在机身上面进行转场飞行。

（3）包机运输。包机运输是指民用航空运输使用人为一定的目的包用公共航空运输企业的航空器进行载客或载货的一种运输形式,其特点是包机人需要和承运人签订书面的包机运输合同,并在合同有效期内按照包机合同自主使用民用航空器,但包机人不一定直接参与航空运输活动。

> 条条大道通罗马

未来空中交通网

人们对未来飞机的设想很多，如未来飞机可能采用原子能作动力，采用氢作燃料等，其中有一些设想现已开始实施了。

◆ 未来飞行器的动力

现在宇宙飞船、人造卫星和航天飞机上采用的是液体或固体火箭发动机，由于它没有利用空气中的氧气而是自带氧化剂在大气层内使用，所以有很大的不足。为此，科学家们一直在努力探讨采用多种组合的发动机。组合发动机是把涡轮喷气发动机、冲压发动机和火箭发动机组合成一个整体，组合的方式多种多样。飞机在大气层内以低超音速飞行时，这种发动机可作为涡轮喷气发动机工作；以高超音速飞行时，这种发动机又可作为火箭发动机工作。当然这种发动机的技术要求是非常高的，因为它要集各种高技术于一体。

（1）核火箭

由于核火箭能利用核燃料的裂变反应把大量的热能传给工作流体，可以大大提高液体火箭发动机的推力，于是人们开始研究核火箭

发动机。

核火箭发动机基本是由液体火箭发动机发展而来的，其能源是由核反应堆提供的。这种发动机方案早在20世纪50年代末就进行了实验和研究，但由于反应堆的放射性和热辐射对人和材料的影响很大，需要采取特殊的保护手段，以目前的技术水平很难解决，因此进展比较小。一旦轻型的防护技术问题解决了，核火箭发动机必将在航天领域大放异彩。

（2）电热火箭

电热火箭是在液体火箭的燃烧室内以两级间产生的电弧把电能转变为热能的火箭发动机。这种发动机上装有发电机以供应低电压大电流的电源。燃料通过环形电弧后温度升高，产生的炙热燃气通过喷管膨胀、加速，然后以5000~7600米每秒的高速喷出。这种火箭发动机在宇宙飞行器

> 条条大道通罗马

上已经采用过，但主要是作为辅助动力，而不是主动力。

日本研制的第一代卫星用的惰性气体氙离子发动机就是高度喷射的电火箭发动机。最近日本又成功地研制了第二代氙离子电火箭发动机，减小了氙离子的损耗，今后将广泛用于气象、通信、广播卫星上，使用寿命将大大延长。

◆ 未来飞机的图景

（1）超高音速的飞机将成为新的热点

未来的超高音速飞机的航速可达音速的5倍，甚至还有可能出现航速高达25马赫的超高音速飞机，它从英国伦敦飞往澳大利亚悉尼市只需要67分钟。20世纪90代呆以前，法国、英国联合研制的协和式客机，其航速超过两马赫，即每小时可飞行1450千米。美国已经制定了一项研究经费高达5亿美元的发展计划，目的就是研制具有在超高跑道上起飞、能进入外层空间飞行等超高性能的起高音速飞机。除了用于军事用途之外，在民用方面，这项技术也适用于像"东方快车"那样可乘坐300~500名乘客的5马赫客机。

俄罗斯中央气体流体动力学研

究所研制出速度为音速5倍的超音速和高超音速客机模型。这种飞机能容纳250位乘客，飞行速度约11100千米每小时。由于速度快，飞机外壳将发热到350摄氏度，因此要用复杂的复合材料来代替普通材料。飞机需要的燃料将由液体甲烷或液氢代替煤油，加注一次燃料可以飞行1.6万千米。预计2030年这种飞机可以投入使用。

目前，全世界有20多家飞机制造公司在研制第二代超音速客机。英法两国在研制超级协和式客机，载客200～300名，航程1.2万千米，时速2500千米以上。波音公司和麦道公司以及普拉特-惠特尼公司和通用电气公司正在联合攻克低噪音、低能耗、低污染发动机的难关。以制造一流战机驰名的俄国苏霍伊设计局研究出两种超音速洲际客机方案。第一种是C-21式，有3台发动机推动。它在做亚音速飞行时和以两倍于音速的速度飞行时，每千米油耗相同，飞行距离7500千米，载客6～10人，配备有最新式导航系统，高度自动化，可在任何类型的机场降落。第二种是C-50式，为全天候客机，飞到任何一个

> 条条大道通罗马

国家首都途中至多着陆一次，载客量为68人。

第一架飞出地球大气层的飞机是用来试验未来太空飞行的设备和条件的，该飞机称为X-15。巨型B-52轰炸机的飞行员按了一个按钮，黑色尖鼻子的X-15即从B-52的右翼下脱离开来，这时X-15位于地球上空11.5千米处。X-15上只乘坐一名飞行员Scott Crossfield。当X-15脱离B-52时，X-15的飞行员启动了火箭发动机，首次将人送往太空边缘的试验飞行开始了。X-15高高地飞过加利福尼亚州莫哈维沙漠的上空。3分钟后，X-15的火箭燃料烧了起来，飞机以每小时约2000千米的速度飞行。由于高速飞行，大气所产生的反作用力使得X-15的飞行员声音绷紧，呼吸困难。在这样的速度下，压力是引力的3倍。X-15飞

到了航线的最高点,然后朝爱德华空军基地着陆场作长距离的无动力滑翔。X-15着陆时就像开着一辆赛车,以每小时160千米的速度冲向一堵砖墙。X-15的飞行员Scott Crossfiel安全地着陆后,曾有报道说:"美国人赛得过火箭"。

以上是1959年9月X-15的首次飞行的过程,但X-15的故事可追溯到20世纪40年代"X"系列的试验机型。第一架超音速飞机是1947年的"X-1"。美国政府有关部门和美国的飞机制造业意识到有可能制造出飞得更快的飞机,也就是高超音速飞机,高超音速是音速的5倍。于是在1954年,首次有人提议研制X-15这种新型飞机。美国太空署、空军和海军联合支持这项计划,因为他们想要一架可以试验未来太空飞行条件的飞机。这项计划

很快就得以实施,北美航空公司赢得了设计和制造这种飞机的竞标。超高音速飞机的设计有一部分是飞机,另一部分是宇宙飞船。

北美航空公司花了不到四年时间制造了三架X-15。X-15并不大,宽不足7米,加上机翼也才15米,飞行时速可达6400千米,飞行高度可达80千米。设计超高音速飞机的目的是在短期内,在较低的太空探索一些人工飞行的问题,这些探索是以前未曾做过的。X-15计划有4个主要目的:试验在地球大气层边缘的飞行条件;短暂地离开大气层,再返回,试验重返大气层

的高温高热效应；了解在较低太空接近失重环境下如何进行操作；超高音速飞机将回答一个很重要的问题，那就是人类怎样上太空飞行的问题。

X-15是一个新概念，要用新方法建造。飞机表层是一种称之为"inconcel x"的新材料，这种材料系镍铬合金，可以保护飞机免遭高温的侵害。采用新设计的还有飞机的火箭发动机、着陆设备和在太空中推进飞机所必须的小型火箭。有一个新式的液态氮系统来给飞行员降温，并在高速飞行时抗击地球引力的挤压。

还有一种新燃料，系液态氨和液态氧的混合液。从来没有人设计让X-15进入绕地球的轨道，X-15也不能从地面上起飞，它由B-52带上蓝天。大型B-52在机翼下挟着小小的X-15，看上去就像母鲸挟着小鲸在戏水。大约到了15 000米高空，B-52将X-15释放。几秒钟后，当X-15安全地脱离时，X-15的飞行员启动了火箭发动机，X-15用令人难以置信

第四章 航空运输

的动力向高空飞去。

三架X-15已经飞行了约200次,每一次飞行都是一次新的试验,光计划就花费了许多时日。飞行员在地面高超音速飞机模拟器内度过了50个小时,就准备作10分钟的飞行。一旦真的飞行开始,飞行员得记住他所学的一切。他得顶住背部强大的推力,迅速准确地操作,每个动作都得抗击相当于地球引力6倍的力量,哪怕是耽误一秒钟都会影响所收集到的信息。一秒钟的延误就可能改变航向,就足以破坏飞行员安全着陆的机会。

X-15创下的飞行高度和飞行速度记录比预计的更理想。3号飞机飞行高度超过了107千米,2号飞机飞行速度达到了每小时7232千

105

> 条条大道通罗马

米，即7倍以上的音速。X-15系美国在载人航天技术方面的第一笔大投资。从X-15的飞行中，美国人得到了大量的信息，从而加速了其太空计划的发展。X-15试验了用于宇宙飞船的材料，后来的美国宇航员所穿的宇航服以及在太空失重环境下控制宇宙飞船的设备，还验证了老飞行员认为的在太空飞行所必须的技能。先后共有12名军用和民用飞机试飞员飞过X-15，其中有几个人后来成了宇航员。

X-15计划持续了约10年之久，大约作了200次飞行。有些飞

第四章 航空运输

行携带有科学仪器,其中一个是在机翼末端的一个容器,它用来收集来自太空边缘的尘埃和极小的流星体。另一个是一套特制的仪器,这套仪器用来帮助测量在飞机外面太阳辐射的结果。与X-15计划有关的唯一一次悲剧发生在1967年,飞行员是美国空军的Michael Adams,这是他第7次飞X-15。起初,一切正常,飞机上升到80千米高,以5倍以上的音速飞行。后来,作机翼试验时,飞机突然偏离航线,高速俯冲地面,飞机迅速失去控制。对飞机来说大气压力太大了,结果是机毁人亡。1968年,X-15作了最后一次飞行,美国宇航局因需要将经费用于其他项目,所以决定停止

> 条条大道通罗马

X-15计划。许多太空专家不同意这项决定，他们认为X-15可以继续提供有关航空和航天的新信息。

目前，X-15悬挂在美国华盛顿特区的航空与航天博物院一个称为"飞行里程碑"的展厅内。在这个展厅里，有第一架超音速飞机X-1，有查尔·林德伯格独自飞越大西洋时驾驶的"圣·路易斯精神号"飞机，还有如著名的俄国"斯普特尼克号"人造卫星和"先驱者10号"宇宙飞船的仿制品。放在X-15下面的是三架宇宙飞船的指挥船，其中之一就是"阿波罗11号"。在X-15的最后一次飞行过后才7个月，"阿波罗11号"就飞向了月球，它运载的登月第一人阿姆斯特朗就曾经是X-15的飞行员。

（2）超大型客机

人类的想象力是无边的，科技的创造力是无限的，"空中豪华游轮"的梦想也许用不了多久就会实

现。带跳板的空中游泳池或许还未列入研究方案，但是可设卧铺、洗澡间、免税商店和酒吧的超大型客机却已进入了研发阶段。

世界两大飞机制造公司——波音公司和空中客车工业公司都在进行一种具有600个座位的喷气式客机的外形设计，这种飞机必须不停地飞行14个小时，必须适合现在的滑行道和停机坪，因而机翼所占空间应不比目前的波音747-400型大。这很可能意味着这种飞机装有折叠翼即自由伸缩翼，垂直尾翼可能要被安装在水平安定面一端的两个较小的翼所取代。这种飞机的座舱至少有两层，也可能有三层，和现代的海洋客轮没有什么不同，还将设置睡眠区、饭店、酒吧、商业中心、健身室等。这种飞机还具有

> 条条大道通罗马

噪音小、污染少和易于操作与维修的特点。

2004年投入商业运营的是欧洲空中客车公司耗资107亿美元的A380开发项目。A380项目由空中客车公司与法航、意大利阿莱尼亚公司、福克飞机公司和萨伯等多家公司共同承担风险进行开发，初步设计方案已经确定，目前正在申请适航认证。A380将是一个完整的产品系列，其基本型A380-100在三级布局下可载客555人，航程达14200千米，可轻松进行跨洲越洋飞行。它瞄准的是诸如伦敦至纽约、洛杉矶至香港、

巴黎至新加坡等高客流量航线，商务旅客们将享受到空前宽阔的客舱、宽大的座椅、丰富的音像娱乐和先进的对地通讯设施其底舱为卧铺，主客舱与上层舱一样宽大，中间由大型楼梯连接，气派非凡，真的快赶上豪华游轮了。

A380的翼展和机身长度将限制在80×80米之内，外型依然传统、优美，噪音并不比现有各类飞机高，某些机场只需将跑道和登机门稍做改进即可接纳它。在世界范围内，针对它的可行性的各种疑问正在逐渐消退，到目前，已有法

> 条条大道通罗马

航、新加坡航空公司、维珍航空、快达航、阿联酋航空公司和美国国际租赁金融公司等六家公司共订购了50架A380飞机,从而使A380的发展计划得以顺利实施。阿拉伯联合酋长国航空公司董事长阿赫迈

德·赛义德·玛克土穆酋长殿下说:"我们以往的成功,是建立在为乘客提供最高标准的乘坐舒适性和优异的服务以及娱乐设施的基础上的,作为我们未来机队的旗舰,A380将有助于我们沿着这一方向,为旅客提供一种全新的飞行方式。在日益拥挤的机场条件下,A380将使我们能运送更多的旅客。"

空中客车公司预计,未来15年内,航空旅客流量将翻一番,22年内将再翻一番。它相信,以高标准的经济性和环保性要求设计的A380,将是解决像巴黎这样的中心枢纽城市所面临的客流压力的唯一办法。

> 条条大道通罗马

　　未来将通过人类的幻想、创造和竞争而变得更加美好。目前，人类也不知道竞争将会将航空公司带来何种多样的选择，然而可以确定的是科技的进步将会让在空中旅行的人们感到更加舒适、悠闲和惬意，这也是人类的追求和梦想。

　　三层超大型客机将在21世纪20年代投入使用，其先进的设施将使飞机变得如同一座空中城市。

　　（3）垂直起降式客机和地下客机

　　德国航空航天公司的道尼尔航空公司研制出一种被誉为"空中奔驰汽车"的短程客机道尼尔328。这种飞机有33个座位，机身长21米。飞机采用了最现代化的技术，安装了省燃料的6个叶片螺旋桨推进装置，时速近650千米。这种新式飞机可靠性大，燃料消耗低，噪音小，排放的有害物质少。

　　同样，日本也在研制垂直起降式客机和地下客机。

　　日本石川岛播磨重工业公司研

第四章 航空运输

制出一种垂直起飞的降落的客机，这种客机不需要起飞降落跑道。为了使飞机升空或者着陆，这种客机安装的发动机的主要支承面可旋转90度，以形成所需的升力。该新型客机将用于地方航线，能载14名乘客，时速可达650千米，最大续航距离为1000千米。

日本藤田公司则计划建造地下飞机。这种飞机不是在空中，而是在地下50米处开凿的隧道中飞行。该公司计划在2020年利用地下飞机把东京与大阪连接起来。

在直径为56米的地下长廊中将分为3层；一层供去程飞机使用，第二层供回程飞机使用，第三层供轿车和卡车使用。飞机启动时在铁轨上的速度可超过每小时300千米。飞机飞行在距隧道路面1米的高度上，时速达600千米，而且不需驾驶员，由操作中心遥控。预计整个工程将耗资2200亿美元，每架飞机价值100亿美元。地下飞机消耗的燃料仅相当于大型客机的

1/4，机长60米，宽25米，高9米，将能容纳400名乘客。

（4）微型客机

英国目前已试制成功一种微型喷气式飞机。这种名为CMC的豹式喷气式飞机是应用空气动力学原理设计并研制的，只有7.52米长，座舱可乘坐4人。飞机上装有自动驾驶装置和先进的航空电子设备，航速约每小时800千米，航程约2775千米。这架飞机是由英国航空航天公司前首席设计师伊恩·奇切斯特-迈尔斯设计的。

美国也已研制出小型无人驾驶飞机。这种飞机内装高解像度摄影机，可以分辨很小的目标，红外线探测仪可以发现黑暗中的目标，因此很适合警方使用。机内装有化学传感器，能够准确测定监测地区有无毒品。因为它体积小，价格便宜，飞行方便并且隐蔽

第四章 航空运输

性好,因此与其他直升机像比更具优越性。同时,美国还研制出巨型无人驾驶飞机,主要用于观察战场和战时通信业务。它完全独立飞行,从起飞到降落均由机上计算机自动控制。不过,地面操作也能干预和改变飞行计划。它的飞行高度可达20362米,在空中可停留几昼夜。这种飞机采用了最现代化的超轻复合材料。机翼翼展61米,用环氧树脂的形成蜂窝结构的石墨纤维制造。细长的机翼使飞机具有完美的气动性能。两台液体冷

> 条条大道通罗马

却发动机每台功率175马力,可转动直径4.9米的柔性螺旋桨,而且它们的燃料利用率也超过了所有目前已知的活塞式发动机。

（5）功能各异的飞机

①自动防爆飞机

经过英国航空航天公司和一些飞机制造厂家的联合研发,一种能在飞机内发生爆炸事故时吸收冲击波的民航机将很快诞生。这种技术的关键是机身中含有具海绵般弹性的轻质特殊合金,它可以吸收爆炸冲击波。当达到吸收极限时,机身里的特殊阀门会开启,令一部分冲击波自动释放到机身外面,从而使机体受到的

损伤降至最低。

②自我修复的飞机

自我修复的新型飞机完全电子计算机化，能由计算机操纵来修理遭到破坏的零部件。例如机翼或其他部件在战斗中被损坏，计算机可立即指令别的翼面或部件去取代，或者重新组成预先准备好的翼面或部件。目前，美国航空系统处的飞行动力学实验室已经设计出这种飞机。

③新型材料飞机

新材料技术的发展，使新型工程塑料不断涌现，有些塑料材料的强度已增至3840千克/平方米。美国和俄罗斯等国实验用高强度塑料合金制成的飞机已经试

飞成功。

用新型工程塑料替代部分金属制造航空零部件，可以减轻飞机重量，生产成本低，绝缘性能好，抗腐蚀能力要比一般的金属材料高。同样强度的塑料构建的重量，可比铝合金构件轻一半左右。用它制造成相同尺寸的飞机，可降低耗油量，提高航程和航速，改善飞机的飞行性能。比如，美国的Avtek400轻型飞机，其机体的铝制部件全部用塑料材料替代。

美国贝奇飞机制造公司制造出了世界上第一架全负荷材料密封飞机，它使用了耐热性能好的碳纤维层，中间夹有环氧化物。石磨和环氧化物的保护层包裹着一种蜂窝状材料。这种复合结构的重量要比目前普遍使用的铝、钢和钛的合金材料轻一半，强度和耐热性都几乎相同。这架飞机载客10人，由2600个部件组成，部件少也降低了发生事故的概率。这种新型复合材料飞机具有重量轻、航速快等优势。

④节能飞机

20世纪90年代，俄国一批航空设计师、工程师和发明家设计了几种全新的飞机，其特点是不必着陆加油即可安全经济地飞行数千千米，突破了航程越远飞机就越笨重的框框。

米亚西谢夫设计局的科舍廖夫提出的新型飞机方案是起飞重量6吨，巡航时速300千米，飞行高度3000米。航天学院别洛康通讯院士提出的方案是时速约500千米，飞行高度2万米以下，航距可达6万千米。这种飞机的翼展达50~70米，起飞重量20吨。"闪电"航天公司设计的三翼飞机翼展达40米，时速不低于700千米。这种起飞重量达20吨的飞机在11千米高空飞行时，可不着陆飞行4万千米。

图波列夫设计局谢利亚科夫设计组设计了一种串联式飞机。这种飞机使用的是柳利卡设计局研制的超经济型发动机，可以在15千米高空以不低于800千米的时速完成环球飞行。

日本和美国合作研制成功了一种使用太阳能电池做动力的飞机。这架飞机为螺旋桨式滑翔机，总重量90千克，机体用高强度碳纤维制成，机身长7米，主翼长17.5米。主翼、机身和尾翼全都装有非晶质太阳能电池，由这些太阳能电池提供飞行动力。该机续航能力为1500千米，航速为每小时64千米。

⑤可折叠式飞机

折叠式飞机使用翼型降落伞作为机翼，因而可以避免一般机翼的飞机在一定飞行速度下到一定高度时所发生的失速现象。它是目前世界上最安全的飞机。

这种飞机总重量只有63千克，整架飞机可以折叠起来。它的翼展为9.3米，最高时速为42千米，续航时间1.5小时。起飞跑道只需23米，降落跑道只需10米。它的操作仅靠方向舵踏板和上升、下降两个操纵杆。这种飞机可用来探测矿藏、鱼群，可以传递邮件，用于旅游，还可以在普通飞机难以到达的地方飞行。

美国设计了一种被称作"人鸟"的飞机。它没有机身，只有一个巨大的三角形机翼。在机翼两侧的前缘，各装有一台25马力的涡轮增压活塞发动机。这种飞机采用超轻质材料制造，重量不超过45千克，最高时速为186千米。翼展4米，其机翼上的油箱可以使飞机不加油连续飞行240千米。这种飞机可以固定在人的背上，乘行者的双手握住手轮式操纵柄。发动机启动后，飞机垂直起飞，然后靠手控调整到水平方向飞行。

美国图标飞机制造公司最新发布了一辆全新的可折叠式个人小型飞机"Icon A5"，该机很方便水陆空三栖使用，便于人们出行。据该公司介绍，它主要面向私人飞机市场，希望它可以像轿车一样成为人们新一代的旅游交通工具。这不是真正的飞行汽车，但着陆后你能将它牵引到家中，停在车库里。这是

> 条条大道通罗马

能自动折叠机翼的首架私人飞机之一，其机翼可以慢慢地收回到机身上，因此很方便运输和收藏。

"Icon A5"属于联邦航空局的新式"轻型运动飞机"，这种飞机不需要大飞机那样长久的认证过程。因此这一飞机让图标飞机制造公司可以随意开发折叠机翼，并将燃烧无铅汽油的现代发动机安装在此新飞机上。而目前世界上大多数私人飞机使用的都是燃烧有铅汽油的老式发动机。

通过运动飞行员驾照的简单考核，就能开动这种新飞机。而且，这种驾照的训练时间只需要标准飞行驾照的一半。"Icon A5"的驾驶室设计沿用了汽车的设计，配有迷你仪表和GPS导航系统，能使飞机更加容易驾驶。其机翼的设计也尽可能地减少了停转的危险。

"Icon A5"预计售价13.9万美元，最高飞行距离为3048米，最高速

第四章 航空运输

度可以达到每小时224千米,翼展9.7米。当你不用时,其两翼可折叠收起,以方便停放,同时它还可用作水上飞机。

（6）水陆两栖飞机

在耕地逐渐减少的情况下,为

> 条条大道通罗马

了改变机场的占地面积的忧患,以及为乘客提供更方便的服务,人们研制了一种水陆两栖飞机,这种飞机既可以在水上起降,也可以在路上机场或简易跑道上起降,而适用范围非常广泛。对比于陆上飞机,这种飞机的主要优越性有:

①机动性能好,使用方便。这种飞机既可以在海滨城市的海面上起降,又可在内陆城市的机场或简易跑道上起降,不再需要依靠陆上固定的航空港。如遇到一些紧急救护事件和特殊飞行,水陆两栖飞机对机场的选择性较大。

第四章 航空运输

②水陆两栖飞机适用于支线客货运输的发展。由于水陆两栖飞机适合水、陆机场起降，不仅能实现有水域地区之间的相互通航，还能实现有水域地区与无水域地区之间的相互通航。

③水陆两栖飞机解决了水上飞机远距离转场飞行难的问题。因为远距离转场时，水陆两栖飞机可利用陆上机场作为临时降落场。

目前，世界上已生产使用的水上飞机和水陆两栖飞机已达到360多个品种，2万多架。其中，水陆两栖飞机29个品种，2千多架。这些飞机主要用于军事方面的作战、轰炸、侦察、巡逻、反潜、布雷、运输等。民用方面的专线包括旅游客运、空中摄影、公安监控及消防和侦缉、公务飞行、农林作业和森林灭火、体育运动、水域旅游、海上救护等。

在国外，轻型两栖飞机已经进

> 条条大道通罗马

入家庭，我国由于低空域未开放，水陆两栖飞机的生产制造还处于萌芽状态，所以市场一直没有打开。但是从发展的眼光看，发展水陆两栖飞机是符合我国国情的。因此，在以后的发展中，水路两栖飞机将会有很广阔的市场。

Be-103是由苏霍伊航空控股公司研制生产的新一代轻型多用途水陆两栖飞机，已取得美国适航证，中国的适航证和生产许可证，是目前国际上性价比最好的飞机。

该飞机应用范围广，包括国防、武警、自然灾害紧急救援、海上救援打捞、航空护林防火、空中游览观光、短途客货运输等方面。Be-103的动力装置由两台美国泰莱达因·大陆TCM IO-360ES4活塞发动机组成，每台发动机功率210马力。该飞机可以在$\sigma \geq 4$千克每平方厘米的条件下从非柏油跑道起飞，或者在水深超过1.25米，浪高0.4米的内陆水域或海面起降。由于其地面压力小，噪音低，所以可以更好地保护生态环境；而且不需投资太多就可以实现改装，为巡逻、救援、急救、轮船邮递等服务。

第五章 航天运输

> 条条大道通罗马

随着社会的发展，人类不仅仅只满足于海上、陆上、天空的追求，他们开始关注地球以外的空间——太空。太空是什么样的？太空中也存在与地球一样的生命吗？关于这类问题，人们对于太空更是好奇。同时，随着社会的发展，科技的进步等都为人类进一步向太空进发提供了物质和科技基础。

太空是什么？"太空"是由无极元和能量相互作用而构成的、物质的，存在时空概念并存在于宇宙内部的一个有限的，有着开始和结束的整体事件，是易学中的太极世界。太极世界里有能量、有物质、有时空和事件。

因为人们对太空的研究，就出现了航天运输，航天运输是需要高科技、高投入支持才能实现的人类尖端科技。只有在经济、科技上都较雄厚的国家才能实现。

本章着重介绍航天运输系统，主要通过对航天运输发射器、航天器等的阐述使读者对航天运输有一个较为清晰详细的了解。

第五章 航天运输

运载火箭

运载火箭是由多级火箭组成的航天运输工具。其用途是把人造地球卫星、载人飞船、空间站、空间探测器等有效载荷送入预定轨道，是在导弹的基础上发展起来的，一般由2～4级组成。每一级都包括箭体结构、推进系统和飞行控制系统。末级有仪器舱，内装制导与控制系统、遥测系统和发射场安全系统。级与级之间靠级间段连接。有效载荷装在仪器舱的上面，外面套有整流罩。

许多运载火箭的第一级外围捆绑有助推火箭，又称零级火箭。助推火箭可以是固体或液体火箭，其数量根据运载能力的需要来选择。推进剂大都采用液体双组元推进剂。第一、二级多用液氧和煤油或

> 条条大道通罗马

四氧化二氮和混肼为推进剂，末级火箭采用高能的液氧和液氢推进剂。制导系统大都用自主式全惯性制导系统。在专门的发射中心发射。运载火箭的技术指标包括运载能力、入轨精度、火箭对不同重量的有效载荷的适应能力和可靠性。

◆ 运载火箭的发展

运载火箭是第二次世界大战后在导弹的基础上开始发展的。第一枚成功发射卫星的运载火箭是苏

第五章 航天运输

联用洲际导弹改装的卫星号运载火箭。到20世纪80年代，苏联、美国、英国、法国、日本、中国、印度和欧洲空间局已研制成功20多种大、中、小运载能力的火箭。最小的仅重10.2吨，推力125千牛（约12.7吨力），只能将1.48千克重的人造卫星送入近地轨道；最大的重2900多吨，推力33350千牛（3400吨力），能将120多吨重的载荷送入近地轨道。主要的运载火箭有"大力神"号运载火箭、"德尔塔"号运载火箭、"土星"号运

> 条条大道通罗马

载火箭、"东方"号运载火箭、"宇宙"号运载火箭、"阿里安"号运载火箭、N号运载火箭、"长征"号运载火箭等。

◆ 运载火箭的分类

目前，常用的运载火箭按其所用的推进剂来分，可分为液体火箭、固体火箭和固液混合型火箭三种类型。如我国的长征三号运载火箭是一种三级液体火箭；美国的"飞马座"运载火箭则是一种三级固体火箭；长征一号运载火箭则是一种固液混合型的三级火箭，其第一级、第二级是液体火箭，第三级是固体火箭。

按级数来分，运载火箭又可分为多级火箭和单级火箭。其中多级火箭按级与级

第五章 航天运输

之间的连接型式来分,又可分为串联型、并联型(俗称捆绑式)、串并联混合型三种类型。串联型多级火箭级与级之间的连接分离机构简单,但串联后火箭总长较长、火箭的长细比(长度与直径之比)大,给设计带来一定的困难。发射时,这种火箭竖起来后太高,给发射操作带来不便。同时,其上面级的火箭发动机要在高空点火,点火的可靠性差。并联型多级火箭采用横向捆绑连接,连接分离机构稍复杂,但其中间芯级第一级火箭采用横向捆绑的火箭可在地面同时点火,避

> 条条大道通罗马

免了高空点火，点火的可靠性高。

苏联发射的世界上第一颗人造地球卫星的卫星号运载火箭，就是在中间芯级火箭的周围又捆绑了4枚火箭。这4枚捆上去的火箭习惯上又称助推器。助推器与芯级火箭在地面一起点火，但工作一定时间后先关机，关机后与芯级火箭分离并被抛掉。助推器因在第一级火箭飞行的半路上关机，所以只能算它是半级火箭。发射世界第一颗人造地球卫星的卫星号运载火箭为一级

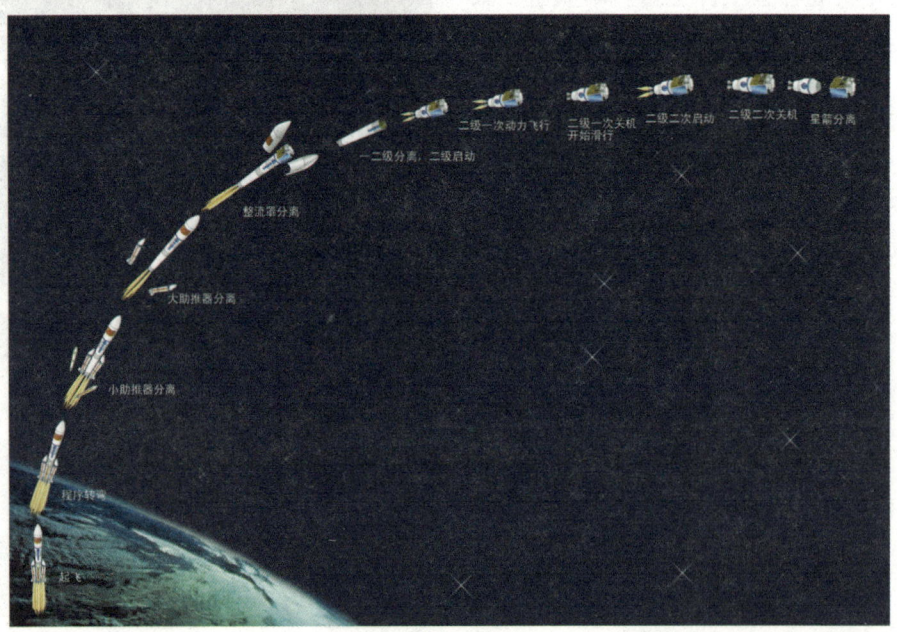

第五章 航天运输

半火箭，而不称它为两级火箭。我国的长征二号E运载火箭则是一枚串并联混合型的两级半火箭，其第一级火箭周围捆绑了4枚助推器，在第一级火箭上面又串联了一枚第二级火箭。

◆ 运载火箭的设计特点

运载火箭的设计特点是经济性、通用性和不断进行小的改进，这和大型导弹不同。大型导弹是为满足军事需要而研制的，起支配作用的因素是保持技术性能和数量上的优势。因此导弹的更新换代较快，几乎每5年出一种新型号。运载火箭则要在商业竞争的环境中求发展。作为商品，它必须具有通用

> 条条大道通罗马

性，能适应各种卫星重量和尺寸的要求，能将有效载荷送入多种轨道。其经济性也要好，也就是既要性能好，又要发射耗费少。订购运载火箭的用户通常要支付两笔费用；一笔是付给火箭制造商的发射费，另一笔是付给保险公司的保险费。发射费代表火箭的生产成本和研制费用，保险费则反映火箭的可靠性。火箭制造者一般都尽量采用成熟可靠的技术，并不断通过小风险的改进来提高火箭的性能。运载火箭不像导弹那样要定型和批量生产，而是每发射一枚都可能引进一点新技术，作一些较小的改进，这种小改进不影响其可靠性，也不必进行专门的飞行试验。这些小改进积累起来就有可能导致大的方案性变化，使运载能力能成倍的增长。

20世纪80年代以来，一次性使用的运载火箭已经面临航天飞

第五章 航天运输

机的竞争。这两种运载工具各有特长，在今后一段时间内都将获得发展。航天飞机是按照运送重型航天器进入低轨道的要求设计的，运送低轨道航天器比较有利。对于同步轨道的航天器，航天飞机还要携带一枚一次使用的运载器，用以把航天器从低轨道发射出去，使之进入过渡轨道。这样有可能导致入轨精度和发射可靠性的下降。

一次使用的运载火箭在发射同步轨道卫星时可以一次送入过渡轨道，比航天飞机稍微有利。这两种运载工具之间的竞争将促进可靠性的提高和成本的降低。

> 条条大道通罗马

◆ 国外运载火箭

（1）美国

①大力神系列运载火箭

1964年，美国首次发射大力神运载火箭系列，这一系列是由大力神-2洲际导弹发展而来。该系列由大力神-2、大力神-3、大力神-34、大力神-4和商用大力神-3等型号和子系列组成。它的最大近地轨道运载能力为21.9吨，地球同步转移轨道运载能力为5.3吨。

②德尔它系列运载火箭

美国德尔它系列运载火箭系列于1960年5月13日首次发射，迄今为止已发展了19种型号，目前正在使用的是德尔它-2和德尔它-3两种型号。美国空军的全部GPS卫星都

第五章 航天运输

是由德尔它-2发射的。德尔它-3是在德尔它-2的基础上研制的大型运载火箭,可以把3.8吨的有效载荷送入地球同步转移轨道。2000年8月,德尔它-3发射成功。美国还正在研制具有多种配置的德尔它-4子系列,其中的重型德尔它-4的地球同步转移轨道运载能力在13吨以上。

③宇宙神系列运载火箭

1958年12月18日,美国宇宙神系列运载火箭首次发射,它曾经发射过世界上第一颗通信卫星、美国第一艘载人飞船等。目前正在使用的主要有宇宙神-2A、宇宙神-2AS和宇宙神-3。研制中的宇宙神-5运载火箭的第一级采用了通用模块化设计,其中的重型火箭使用了3个通用模块,其地球同步转移轨道运载能力达到13吨。

> 条条大道通罗马

④土星-V系列运载火箭

土星-V运载火箭是美国专为阿波罗登月计划而研制的是迄今为止最大的巨型运载火箭。其起飞重量为3000吨，直径10米，高110米，近地轨道运载能力达97吨，它能把重达47吨的阿波罗飞船送入登月轨道。土星-V曾先后将12名宇航员送上月球。

（2）俄罗斯

①东方号系列运载火箭

俄罗斯东方号系列运载火箭是世界上第一种载人航天运载工具，它创造了多个世界第一：发射了第一颗月球探测器，第一颗人造卫星，第一颗火星探测器，第一颗金星探测器，第一艘载人飞船，第一艘无人载货飞船进步号等。它也是世界上发射次数最多的运载火箭系列。其中，联盟号是东方号的一个子系列，主要发射联盟号载人飞船、进步号载货飞船。

②质子号系列运载火箭

俄罗斯质子号系列运载火箭分

第五章 航天运输

为二级型、三级型和四级型3种型号。目前正在使用的有质子号三级型和四级型两种。三级型质子号于1968年11月16日首次发射，其低地轨道运载能力达到22吨，它是世界上第一种用于发射空间站的运载火箭，曾发射过礼炮1～7号空间站、和平号空间站各舱段和其他大型低地轨道有效载荷。1998年11月20日，质子号发射了国际空间站的第一个舱段。

③能源号运载火箭

目前，能源号运载火箭是前苏联研制的目前世界上起飞质量和推力最大的火箭。其近地轨道运载能力为105吨，既可发射大型无人载荷，也可用于发射载人航天飞机。能源号于1987年首次发射成功，曾将苏联的暴风雪号航天飞机成功地送上天。目前，由于俄罗斯经济状态不佳就再也没有发射过。

④天顶号系列运载火箭

天顶号系列运载火箭是前苏联

> 条条大道通罗马

（后为乌克兰）研制的运载火箭，分为两级的天顶-2、三级的天顶-3和用于海上发射的天顶-3SL。天顶-2的低地轨道运载能力约为18吨，太阳同步轨道运载能力约为11吨。可在海上发射的天顶-3SL是美国、乌克兰、俄罗斯、挪威联合研制的运载火箭，其地球同步轨道运载能力为2吨，于1999年3月首次发射成功。

（3）日本

日本H系列运载火箭由H-1、H-2、H-2A等火箭组成，目前正

在使用的H系列火箭只有H-2A和H2B，2001年8月首次发射成功。

（4）印 度

印度自行研制的极轨道4级运载火箭的太阳同步轨道运载能力为1吨，低地轨道运载能力为3吨。1993年9月首次发射，但由于火箭出现故障，卫星未能入轨。此后，该火箭连续三次发射成功。1999年5月，一箭三星技术又取得成功。

◆ 我国运载火箭的发展

目前，我国共研制了12种不同类型的长征系列火箭，能发射近地轨道、地球静止轨道和太阳同步轨道的卫星。

从1970年到2000年的30年间，我国发射长征系列火箭共计67次，成功61次，6次失败或部分失败，发射成功率为91%。在1994～1996年间曾一度几次发射失败，使我国在国际商业发射市场的声誉处于低谷。中国航天工业总公司经过一系列质量整顿后，终于打了个翻身仗。自1996年10月到目前已连续25次发射成功，这在世界卫星发射界也是不多见的。

在我国运载火箭的发展初期，探空火箭的研制占有重要的地位，尽管它是结构简单的无控火箭，但却是新中国成立后的第一枚真正的火箭。从1958年开始，我国陆

> 条条大道通罗马

续研制出包括生物、气象、地球物理、空间科学试验等多种类型的探空火箭。

（1）长征一号（CZ-1）系列运载火箭

1970年4月24日，中国使用长征一号（LM-1）运载火箭发射了第一颗人造卫星东方红一号。长征一号是在两级中远程导弹上再加一个第三级固体火箭所组成，火箭全长29.86米，起飞总重81.57吨，起飞推力为1040千牛。

（2）长征二号（CZ-2）系列运载火箭

长征二号（LM-2）运载火箭是从洲际导弹的基础上发展而来的，并于1975年发射了1吨多重的近地轨道返回式卫星，成功地回收了返回舱。此后，又根据发射卫星的需要，陆续衍生出长征二号丙（LM-2C）、长征二号丙改进型（LM-2C/SD）和

第五章 航天运输

发射极轨卫星的长征二号丁（LM-2D）运载火箭。在长征火箭大家族中，长征二号系列主要用于发射各类近地轨道卫星，LM-2C/SD曾以一箭三星方式发射了12颗美国的铱星移动通信卫星。

1986年初，美国的挑战者号航天飞机爆炸后，航天飞机被停飞，美国用了很长时间分析和处理故障，其后美国停止用航天飞机发射一般商业卫星。趁此时机，我国仅用了18个月就成功研制了长征二号E运载火箭，可以发射原来准备用美国航天飞机发射的商用卫星。长征二号E火箭是以长征二号为芯级，周围捆绑了4个液体助推器，它的近地轨道运载能力高达9.2吨。长征二号E于1990年试射成功，从1992年到1995年曾发射多颗外国卫星。

为满足发射神舟号飞船的要求，保证

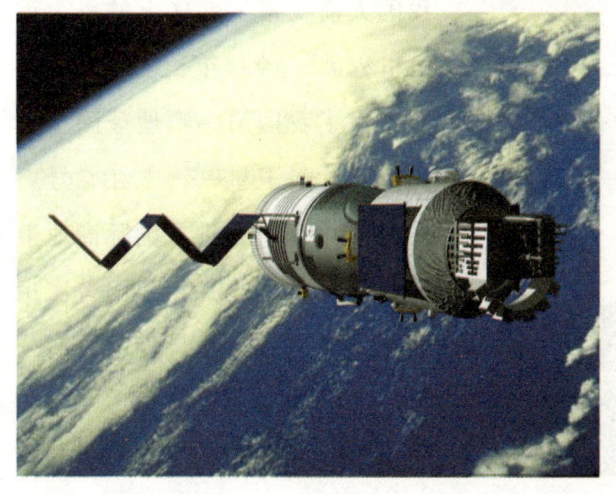

145

> 条条大道通罗马

宇航员的安全，我国又在长征二号E的基础上改进了其可靠性并增设了故障检测系统和逃逸救生系统，从而发展出了长征二号F（LM-F）运载火箭，专门用来发射神舟号载人飞船。由于长征二号火箭的质量和可靠性非常高，1975～1996年连续成功地把17颗返回式卫星送上天，这使长征二号运载火箭在国际卫星发射市场上获得了非常好的可靠性声誉。

长征三号运载火箭是在长征二号二级火箭上面加了一个以液氢、液氧为推进剂的第三级，所用的液氢液氧发动机可以二次启动，在技术上达到当时国际先进水平，是我国火箭技术发展史上的一个重要里程碑。1984年长征三号成功地发射了我国第一颗地球同步试验通信广播卫星——方红二号。1985年中国宣布进入国际商业卫星发射市场。1990年我国首次用长征三号运载火箭将美国休斯公司制造的亚洲一号卫星送入地球同步轨道。

第五章 航天运输

此后，长征三号系列不断增加新成员，如长征三号甲（LM-3A）、长征三号乙（LM-3B），它们主要用于发射地球静止轨道卫星。

长征三号甲运载火箭是在长征三号的基础上研制的大型火箭，它的氢氧发动机具有更大的推力，性能也得到很大的提高，地球同步转移轨道运载能力也从长征三号的1.6吨提高到2.6吨。

长征三号乙运载火箭是在长征三号甲和长征二号E的基础上研制的，即以长征三号甲为芯级，再捆绑4个与长征二号E类似的液体助推器。长征三号乙主要用于发射地球同步轨道的大型卫星，也可进行轻型卫星的一箭多星发射，其地球同步转移轨道运载能力达到5.1吨，跃入了世界大型火箭行列。

长征三号丙是单枚三级火箭，捆绑2个助推器而成，运载能力为2600～3800千克，介于2600千克的长征三号甲和5100千克的长征三号

> 条条大道通罗马

乙之间。2003年才完成总体设计，2008年4月26日发射"天链一号01星"是首次其飞行，长征三号丙是"长三甲"系列中最后一型火箭。

（2）长征四号（CZ-4）系列运载火箭

目前投入使用的是长征四号乙运载火箭是长征火箭家族中用于发射各种太阳同步轨道和极轨道应用卫星的主要运载工具。

（3）长征五号（CZ-5）运载火箭

"长征五号"运载火箭即将进入初样研制阶段，这是对中国航天未来三十至五十年发展具有重要意义和深远影响的一个大项目，旨在面对国际商业卫星发射市场和国内未来卫星发射、深空探测的更高需求，其研制成功后，中国进入空间的能力将得到大幅度提升。"长征五号"总体设计由中国运载火箭技术研究院第一设计部负责，生产基地已在天津开建，目标是2015年实现首次航天飞行，长征五号将主要运载嫦娥卫星直接进入月球。

第五章 航天运输

知识小百科

美国的运载火箭发射器

美国的运载火箭发射器主要有"宇宙神""德尔塔""飞马座/金牛座""侦察兵""大力神"等系列,现已停止使用的系列有"五比特""土星""雷神"和"先锋号"等。"宇宙神"运载火箭是从获得成功的"宇宙神向际弹道导弹演变而来的。它在许多重要计划中都有应用,其中为空军发射数量占其总发射数的75%以上,其第一项任务是

> 条条大道通罗马

1958年发射世界上第一个通信卫星"斯科尔"计划。当时使用的是"宇宙神"LV-3A型运载火箭。

1961年，来自国防部和宇航局的代表对美国航天运载火箭的需求进行深入调查，结论是用当时已有的或正在研制的任何一个系统，都难以满足任务要求。需要用灵活的标准化系统代替各种不同的运载火箭。这样可达到高一个级别的费用/效益比，并能提高系统的可靠性。1962年，空军与通用动力公司签定了标准运载火箭（SIJV）的合同。从"宇宙神"SI。V-3型开始的"宇宙神"运载火箭是标准运载火箭系列。"宇宙神"SI-V-3D多次用于发射舰队通信卫星。

1967年后，通用动力公司将洲际导弹改装成"宇宙神E""宇宙神F"运载火箭，先后多次发射海军海洋监视卫星、导航星全球定位系统、"诺阿"气象卫星、国防气象卫星等多种卫星。"挑战者"号航天飞机失事后，美国决

第五章 航天运输

定航天飞机不再承担卫星发射任务，并确定要更多地使用一次性运载火箭，故1988年5月空军选择"宇宙神"运载火箭发射国防卫星通信系统（DSCS）以及超高频后继型军用通信卫星。"宇宙神"满足了国防部对具有中等发射能力运载火箭的需求，其长47.5米，重187.6吨。"宇宙神"能把航天器送到低地球轨道、地球同步转移轨道或地球同步轨道上，可把2770千克的有效载荷送入地球同步转移轨道。

最早用于发射航天器的"大力神"系列是"大力神"双子星座运载火箭，它进行广载入发射。"大力神"主要用户是宇航局和商用，但也有军方应用。

> 条条大道通罗马

航天飞机

　　航天飞机是可重复使用的、往返于太空和地面之间的航天器，结合了飞机与航天器的性质。它既能代表运载火箭把人造卫星等航天器送入太空，也能像载人飞船那样在轨道上运行，还能像飞机那样在大气层中滑翔着陆。航天飞机为人类自由进出太空提供了很好的工具，它大大降低了航天活动的费用，航天飞机的发明是航天史上的一个重要里程碑。

　　航天飞机是一种新型的多功能航天器，是承运卫星等航天器材到达太空的重要工具。航天飞机集

第五章 航天运输

卫星、火箭和飞机的技术特点于一身，它能像火箭那样垂直发射进入空间轨道。随着科学技术的发展，航天飞机已成为发射火箭卫星上天的重要载体。

作为一种可重复使用的天地往返运输器，航天飞机是现代飞机、火箭、飞船三者结合的产物。它能像火箭一样垂直起飞，像飞船一样绕地球飞行，像飞机一样水平着陆。

目前，世界上航天飞机已经研制成功并投入运行的国家只有美国和俄罗斯，俄罗斯的航天飞机与美国的航天机基本上相似。

> 条条大道通罗马

1981年，美国航天器首次发射成功，至今已成功完成了100多次空间飞行任务。

航天飞机是人类有史以来建造的最复杂的机器，强大的运载能力使其成为独一无二的航天器。正是在航天飞机强大运载能力支持下，人类才有可能一步步修建国际空间站——这是世界上最大的太空轨道实验室，为人类未来登陆月球、奔向火星乃至更广阔的宇宙空间铺平了道路。

航天飞机是世界上唯一的可重复使用的航天运载器。20世纪70~80年代，苏联、美国、法国和日本等国相继开始研制航天飞机，但由于技术和资金等原因，真正投入使用的国家寥寥无几。

航天飞机的用途广泛，可进行空间交会、停靠、对接、空间科学实验、发射回收或检修卫星。它曾在空间捕获一颗未能进入同步轨道的国际通信卫星6号，进行修理后，又把它送入同步轨道。它还发射过并三次整修哈勃空间望远镜。航天飞机通常可乘7人，飞行时间一般在2周以下，最长可达28天。

目前，航天飞机的主要任务是向国际空间站运送宇航员和各种建设用部件和补养。美国原设想使用可多次重复使用的航天飞机可以节约花费，但结果全然不同，每架航天飞机的研制费用非常高，最新的奋进号研制费达20亿美元，而且每次发射费用至少需要1亿多美元。因此至今只做了6架航天飞机，其中一架企业号为样机，另外有五架工作机，分别是哥伦比亚号、

挑战者号、发现号、亚特兰蒂斯号和奋进号。航天飞机的可靠性还是非常高的,自1986年1月挑战者号发射失败后一直到2002年4月为止已成功飞行过110次。2005年7月26日任务STS-114——哥伦比亚号解体意外后首次航天飞机返回太空任务。

◆ 航天飞机的组成部分

航天飞机是一种垂直起飞、水平降落的载人航天器,它以火箭发动机为动力发射到太空,能在轨道上运行,且可以往返于地球表面和近地轨道之间,可部分重复使用的航天器。它由轨道器、固体燃料助推火箭和外储箱三大部分组成。

(1)外部燃料箱

外部燃料箱的外表为铁锈颜色,主要由前部液氧箱、后部液氢箱以及连接前后两箱的箱间段组成。外部燃料箱负责为航天飞机的3台主发动机提供燃料。外

> 条条大道通罗马

部燃料箱是航天飞机三大模块中唯一不能重复使用的部分，发射后约8.5分钟，燃料耗尽，外部燃料箱便被坠入到大洋中。

（2）一对固体火箭助推器

火箭助推器中装有助推燃料，平行安装在外部燃料箱的两侧，为航天飞机垂直起飞和飞出大气层进入轨道，提供额外推力。在发射后的头两分钟内，与航天飞机的主发动机一同工作，到达一定高度后，与航天飞机分离，前锥段里降落伞系统启动，使其降落在大西洋上，可回收重复使用。

（3）轨道器

轨道器即航天飞机本身，它是整个系统的核心部分。轨道器是整个系统中唯一可以载人的，真正在地球轨道上飞行的部件，它很像一架大型的三角翼飞机，全长37.24米，起落架放下时高17.27米；三角形后掠机翼的最大

第五章 航天运输

翼展23.97米；不带有效载荷时质量68吨，飞行结束后，携带有效载荷着陆的轨道器质量可达87吨。它所经历的飞行过程及其环境比现代飞机要恶劣得多，它既要有适于在大气层中作超高音速、超音速、亚音速和水平着陆的气动外形，又要有承受载入大气层时高温气动加热的防热系统。因此，它是整个航天飞机系统中，设计最困难，结构最复杂，遇到的问题最多的部分。

轨道器由前、中、尾三段机身组成。前段结构可分为头锥和乘员舱两部分，头锥处于航天飞机的最前端，具有良好的气动外形和防热系统，前段的核心部分是处于正常气压下的乘员舱。这个乘员舱又可分为三层：最上层是驾驶台，有4个座位，中层是生活舱，下层是仪器设备舱。乘员舱为航天员提供宽敞的空间，航天员在舱内可穿普通的地面服装工作和生活。一般情况下舱内可容纳4~7人，紧急

> 条条大道通罗马

情况下也可容纳10人。

航天飞机的中段主要是有效载荷舱。这是一个长18米,直径4.5米,容积300立方米的大型货舱,一次可携带质量达29吨多的有效载荷,舱内可以装载各种卫星、空间实验室、大型天文望远镜和各种深空探测器等。为了在轨道上施放所携带的有效载荷或回收轨道上运行的有效载荷,舱内设有一或两个自动操作的遥控机械手和电视装置。机械手是一根很细的长

第五章 航天运输

杆,在地面上它几乎不能承受自身的重量,但是在失重条件下的宇宙空间,却可以迅速而灵活地载卸10吨多的有效载荷。航天飞机中段机身除了提供货舱结构之外,也是前、后段机身的承载结构。

航天飞机的后段比较复杂,装有三台主发动机,尾段还装有两台轨道机动发动机和反作用控制系统。在主发动机熄火后,轨道机动发动机为航天飞机提供进入轨道、进行变轨机动和对接机动飞行以及返回时脱离轨道所需要的推力。反作用控制系统用来保持航天飞机的飞行稳定和姿态变换。除了动力装置系统之外,尾段还有升降副翼、襟翼、垂直尾翼、方向舵和减速板等气动控制部件。

> 条条大道通罗马

◆ 航天飞机列表

（1）美国

美国是世界上第一个拥有与实际操作航天飞机的国家，也是机队阵容最庞大的国家。美国的航天飞机大多是以历史上有名的观测船作为命名，其建造过的航天飞机包括如下：

①正在服役中的航天飞机

奋进号（STS Endeavour OV-105）；

挑战者号则在升空73秒后突然爆炸失事。

②已毁航天飞机

挑战者号（STS Challenger STA-099/OV-099）——发射过程中爆炸；

哥伦比亚号（STS Columbia

第五章 航天运输

OV-102）——返回地球进入大气时解体；

③已退役航天飞机

发现号（STS Discovery OV-103）。

亚特兰蒂斯号（STS Atlantis OV-104）。

（2）前苏联

暴风雪航天飞机计划是苏联时代为了与美国进行太空军备竞赛所发展的航天飞机计划，在苏联瓦解后不久此计划也宣告正式终结，残存的设备归属给苏联时代太空中心所在地的哈萨克共和国拥有。暴风雪计划中共有五架航天飞机实际上已开始建造，但是只有第一架的暴风雪号真正被完成并且顺利发射升空与回收，而包括二号机小鸟号在内的其他几架苏联航天飞机全都是以未完成的姿态停止建造。

到2003年为止，世界上真正投入使用的航天飞机只有美国的航天飞机。美国共有6架航天飞机，分别为："哥伦比亚"号、"挑战

> 条条大道通罗马

者"号、"发现者"号、"亚特兰蒂斯"号、"奋进"号。"开拓者号"只用于测试,一直未进入轨道飞行和执行太空任务。

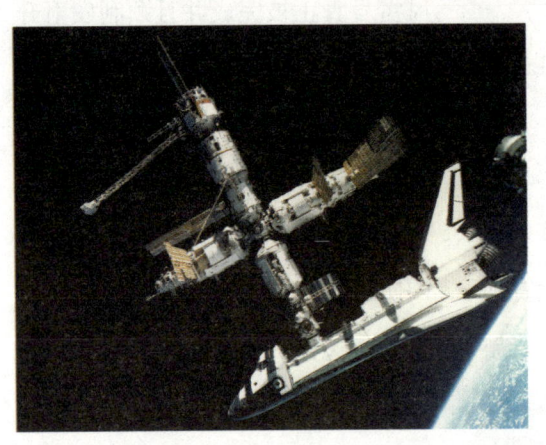

26日北京时间22时39分,美国"发现"号航天飞机在肯尼迪航天中心发射升空,8月9日成功返回着陆。2006年美国东部时间7月4日下午,"发现"号航天飞机在阔别太空近一年之后再次升空。2007年美国东部时间8月8日,美国"奋进"号航天飞机载着7名宇航员从佛罗里达州肯尼迪航天中心顺利升空,飞赴国际空间站。

1986年1月28日,"挑战者"号航天飞机在第10次飞行时,升空第73秒后,由于右侧助推火箭密封装置出现问题,造成燃料外泄,航天飞机发生爆炸,7名航天员当场遇难。随后航天飞机停飞了32个月,一些系统进行了重新设计和改进。2003年2月1日,"哥伦比亚"号航天飞机在即将返回地面前十几分钟失事,有6名美国宇航员和1名以色列宇航员丧生。2005年7月

第五章 航天运输

载人飞船

载人飞船也称宇宙飞船，主要是用多极火箭做运载工具，从地球发射的可在宇宙间飞行并安全返回的一次性使用的载人航天器。它能基本保证航天员在太空的短期生活并进行一定的工作。它的运行时间一般是几天到半个月，一般乘2到3名航天员。

载人飞船一般由三部分组成，第一段为推进舱，也称服务舱，为飞船提供电源、动力支持；第二段为返回舱，为飞船航天员升空和返回时提供安全可靠的环境支持；第三段是轨道舱，为有效载荷的各种科学试验提供保障。

2003年10月18日，在哈萨克斯坦拜科努尔航天基地，"联盟—TMA3"载人飞船由俄罗斯火箭发射升空。

载人飞船是一个庞大的系统工

> 条条大道通罗马

程，它由飞船、运载火箭、火箭发射场、飞船回收场、航天测控网和宇航员训练系统等组成。其设施与人造卫星明显不同。载人飞船是载人航天器中较小的一种，它可使航天员座舱沿弹道式或升力弹道式路径返回地面垂直着落。其中，载人飞船分为卫星式载人飞船、登月式载人飞船等。

◆ 载人飞船的用途

载人飞船具有多种用途，主要有：

（1）进行近地轨道飞行，试验各种载人航天技术，如轨道交会和对接、航天员出舱进入太空等。

（2）考察轨道上失重和空间辐射等因素对人体的影响，发展航天医学。

（3）为航天站接送人员和运送物资。

（4）利用各种遥感设备进行对地球的观测。

(5)进行空间探测和天文观测。

(6)进行登月飞行或行星际飞行。

◆ 载人飞船的组成

载人飞船一般由乘员返回舱、轨道舱、服务舱、对接舱和应急救生装置等部分组成,登月飞船还具有登月舱。为了保证人员能进入太空和安全返回地面,载人飞船有以下主要分系统:结构系统;姿态控制系统;轨道控制系统;无线电测控系统;电源系统;返回着陆系统;生命保障系统;仪表照明系统;应急救生系统。

飞船的主要结构特点是有载人舱。它的主要结构可分为几个舱段,例如,可采用两舱式结构和三舱式结构。如有对接任务时则有对接机构,它放在飞船的最前边。前苏联第一代飞船东方号的结构很简单,是两舱式,飞船只载1个人。第二代飞船飞行时,前苏联的上升号多了一个出舱用的气闸舱,且能载2~3人;而美国双子星座号飞

> 条条大道通罗马

船仍为二舱式加对接机构。第三代飞船是三舱式结构，如前苏联的联盟号飞船。这种飞船的最前端是对接机构，然后接轨道舱，再接返回舱和服务舱，最后与运载火箭相连。有的舱之间有过渡舱段相接连。有出舱任务的载人航天器都增设出舱用的气闸舱。美国阿波罗号飞船除有两舱段结构外还增设登月舱。

飞船的轨道舱是飞船重点的舱段。轨道舱前端的对接机构供飞船与其它飞船或空间站对接用，其下端通过密封舱门与返回舱相连。它是航天员在太空飞行中，进行科学实验、进餐、体育锻炼、睡觉和休息的空间，其中备有食物、水和睡袋、废物收集装置、观察仪器和通信设备等。轨道舱还可兼作航天员出舱活动的气闸舱。

返回舱是密闭座舱，在轨道飞行时与轨道舱连在一起称为航天员居住舱。在起飞阶段和再入大气层阶段，航天员都是半躺在该舱内的

第五章 航天运输

座椅上，并有一定角度克服超重的压力。座椅前方是仪表板，以监控飞行情况；座椅上安装姿态控制手柄，以备自控失灵时，用手控进行调整。美国水星号飞船在返回地面时自控失灵，就是靠航天员手控使飞船返回地面的。在飞船返回地面之前，轨道舱和服务舱分别与返回舱分离，并在再入大气层过程中焚毁，只有返回舱载着航天员返回地面。

飞船的服务舱也可称"仪器设备舱"。它的前端通过过渡舱段与返回舱相连，后端与运载火箭相接。联盟号飞船的这个舱又分前后两部分，前段是密封增压的，内部装有电子设备，以及环境控制、推进系统和通讯等设备；后段是非密封性的、主要是安装变轨发动机和贮箱等物。服务舱外部装有环境控制系统的辐射散热器和太阳能电池板。

◆ 国外的载人飞船

（1）俄罗斯

①东方号

东方号是苏联最早的载人飞船系列，1961年4月12日由东方号运载火箭将东方—1送入近地轨道，

> 条条大道通罗马

它是世界上第一艘载人飞船,前苏联航天员加加林乘坐它环绕地球运行一圈后,安全返回地面。加加林的这次飞行实现了人类遨游太空的梦想,标志着载人航天时代的开始。

东方号宇宙飞船一共进行了6次载人飞行。前苏联还在东方号的基础上,改进成了另一个飞船系列——上升号,可乘坐2~3人。1964年10月12日,上升-1飞船首次载着科学家升空,进行了天体物理、航天医学和生物学的研究与技术试验,在绕地飞行24小时17分钟后,软着陆于克司塔那依东北312千米处。

②联盟号

联盟号是前苏联研制的第三代载人飞船的名字,与之相对应的载

第五章 航天运输

人航天计划称为联盟计划。

  联盟号飞船是前苏联在积累了多年经验之后，所开发出来的一种最成熟的载人航天器。由联盟号飞船衍生出的其它航天器包括：联盟T，这是联盟号的直接升级物和替代品；联盟TM，相对联盟T进行了更多的改进，是俄罗斯航天部门现在拥有的唯一一种可载人航天器，也是可向国际空间站输送宇航员的仅有的两种工具之一。其他衍生物包括进步号货运飞船，这是一种设计得十分成功的无人货物运输飞船，在维持和平号空

> 条条大道通罗马

间站和国际空间站的正常运转发挥了巨大的作用。

联盟号飞船在1967～1981年共发射四十艘。联合1～10号，载1～3人，射入地球轨道。其余三十次飞行大部分是"联合号"太空舱与在轨道上的"沙礼特号"太空站相连；交换一名"联合号"乘员进入太空实验室，进行较长时间的科学实验。

1976年"联

盟号"飞船首次发射，这个阶段约占四年的时间。自1965年3月"上升2号"飞船飞行之后，足有两年多，前苏联没有进行任何载人宇宙航行。目前，苏联正在研制一个推力更大的运载工具，把"联盟号"送上天。

"联盟号"宇宙飞船是一种多座位飞船，内有一个指挥舱和一个供科学实验和宇航员休息的舱房。"联盟号"第一次发射是在1967年4月23日，飞行目的是演练这种新的宇宙飞船各个系统的工作情

第五章 航天运输

况。不幸的是它酿成了一场悲剧，造成了失事。

联盟号是俄罗斯（前苏联）使用时间最长的载人飞船系列，分为联盟号，联盟T和联盟TM三个发展阶段，其技术日益成熟。联盟号能载3名航天员，具有轨道机动，交会和对接能力，可为空间站接送航天员，又能在对接后与空间站一起飞行，是俄罗斯（苏联）载人航天计划中重要的天地往返运输系统。

联盟T飞船是联盟号的改进型，虽然其外形、容量和重量与联盟号大体相同，但是技术上做了许多改进，如采用了可无人操作的自动计算机设备和带显示屏的数字计算机；飞船上的发动机系统使用与礼炮-6空间站上的发动机同样的推进剂，从而提高了推力和机动能力等。联盟T飞船从1979年12月至1986年7月共发射了16艘。1986年3月13日发射的联盟T-15飞船先

> 条条大道通罗马

与和平号空间站对接,3月15日与和平号分离,与礼炮-7空间站对接,6月26日又离开礼炮-7空间站,回到和平号,首次实现了往返于两个空间站之间的飞行。

联盟TM飞船是联盟T的改进型,改进主要涉及飞船的对接系统、通信系统、推进系统、应急救生系统和降落伞系统。它的主要任务是把航天员送入和平号空间站,待航天员完成任务后再把航天员送回地面。从1986年5月至2000年4月底共发射了30艘。俄罗斯航天员乘坐1994年1月8日发射的联盟-18,曾创造了在太空逗留438天的记录。1995年3月14日发射的联盟-21,把第一个参加俄罗斯飞船飞行的美国航天员送到了和平号空间站,一直工作到美国亚特兰蒂斯号航天飞机首次与和平号对接,才随航天飞机返回地面。

(2)美国

继苏联之后,美国也研制和发射了三代载人飞船,它们是水星号、双子星座号和阿波罗号。从1961年左右开始的美国阿波罗计划,是人类第一次登月的伟大工程,其目的是把人送上月球,实现人类对月球的实地考察,并为载人

第五章 航天运输

行星探险做技术准备。

1968年10月11日发射的阿波罗-7载有3名航天员,是第一艘载人的阿波罗飞船。在此之前,阿波罗计划中只做过不载人的飞行试验。自阿波罗-7至阿波罗-18为止,美国共发射了12艘载人阿波罗飞船。阿波罗-7至阿波罗-9进行了载人环绕地球、月球的飞行;阿波罗-10飞船进行了登月全过程演习,绕月球31圈,2名航天员乘登月舱下降至距离月球表面15.2千米处。1969年7月16日发射的阿波罗-11,于7月20日实现了人类历史上首次登月,航天员阿姆斯特朗成为世界上第一个登上月球的人,19分钟后奥尔德林也登上月球。他们

> 条条大道通罗马

在月球上经历了2小时36分钟,最远步行到离登月舱100米处。

接着,美国又相继发射了阿波罗-12至阿波罗-17飞船(其中阿波罗-13登月失败)。1971年7月26日发射的阿波罗-15飞船,首次把一辆月球车送上月球。1972年12月,阿波罗-17飞船进行了阿波罗计划的最后一次载人登月,航天员在月球上历时75小时,乘月球车行进距离35千米。

整个阿波罗计划历时10年,共有6次成功登月,12名航天员登上月球,耗资240亿美元,先后动员了120所大学,2万个企业,400万人参加,是人类空间技术事业的又一个里程碑。

第五章 航天运输

◆ 中国载人飞船的发展

1992年，我国载人航天工程正式立项研制。1999年11月20日，中国第一艘无人试验飞船"神舟"一号飞船在酒泉起飞，21小时后在内蒙古中部回收场成功着陆，圆满完成"处女之行"。这次飞行成功为中国载人飞船上天打下非常坚实的基础。2001年1月10日，中国在酒泉卫星发射中心成功发射了"神舟"二号飞船。2002年3月25日，中国在酒泉卫星发射中心成功发射了"神舟"三号飞船。2002年12月30日，中国在酒泉卫星发射中心成功发射"神舟"四号无人飞船。

2003年10月15日9时整，我国自行研制的"神舟"五号载人飞船在中国酒泉卫星发射中心发射升空。9时9分50秒，"神舟"五号准确进入预定轨道。这是中国首次进行载人航天飞行。乘坐"神舟"五号载人飞船执行任务的航天员是38岁的杨利伟，他是我国自己培养的第一代航天员。在太空中围绕地球飞行14圈，经过21小时23分、60万千米的太空行程后，他于16日6时23分在内蒙

> 条条大道通罗马

古主着陆场成功着陆返回，标志着中国已成为世界上继俄罗斯和美国之后第3个能够独立开展载人航天飞行的国家。

2005年10月12日9时整，"神舟"六号飞船顺利升空，实现了2名宇航员多天飞行，他们分别是：聂海胜、费俊龙。"神舟"六号于10月16日凌晨安全返回，使我国载人航天技术进一步成熟。"神舟"六号实现了第一次进行多人多天太空飞行试验，为未来航天员在空间站生活和工作奠定了基础。第一次实现了宇航员进入轨道舱。航天员首次往返轨道舱，进行了失重状态下的关闭返回舱门及检漏试验，第一次进行了真正有人参与的空间科学试验。

神舟七号载人飞船于2008年9月25日21点10分04秒988毫秒从中国酒泉卫星发射中心载人航天发射场用长征二号F火箭发射升空。飞船于2008年9月28日17点37分成功着陆于中国内蒙古四子王旗主着陆场。神舟七号飞船共计飞行2天20小时27分钟。

第六章 宇航时代

> 条条大道通罗马

1961年人类先后发射了"金星1号"和"水手1号"探测器,但均遭到了失败。1962年8月27日美国成功的发射了"水手2号",随后20多年里,人类共发射了30个探测器,其中21个成功地对金星进行了探测。

随着社会的进步和经济的发展,人类在很大程度上也已经不再仅仅满足与空中,而会把眼睛放射到更远的太空,因为有科学技术和经济的支持,人类即将步入宇航时代。

宇航时代,在很多人看来这是不可思议的,但是要知道:只要去尝试就会有成功的机会和可能,但是如果尝试都不去做,那永远也没有成功的可能。

宇航时代是一个高科技时代,高科技和良好的经济情况是宇航时代的基本条件,进入宇航时代其实不仅仅只是一个人或者一群人的荣耀,其实更是一个国家的荣耀,也是一个国家经济发展水平和综合国力的体现。

本章主要是讲述人类对外太空的一些探索和发现,这样才能更好的为人类进一步探索外太空服务。

第六章 宇航时代

地球使者

◆ "哈勃"太空望远镜

20世纪70年代中期，经美国国会批准，美国宇航局经过多年研制，成功地制造了太空望远镜，名为"哈勃"。1990年4月，这台造价15亿美元、长13.1米、重11.6吨、镜筒直径4.27米的"哈勃"太空望远镜，由美国"发现者号"航天飞机携带上了太空，部署在距离地面670千米的高空轨道上，它可在太空观察到大约150亿光年的宇宙深处。目前最大的地面天文望远镜只能观察到大约20亿光年的空间。由于太空望远镜处在不受大气扰动影响的外层空间，所以它比地面望远镜好10倍。"哈勃"望远镜有八台超高精密的科学仪器，有大型光学接收系统，有视野宽广的行星摄像机、暗弱天体摄像机、天体摄谱仪、高分辨率关摄像仪、高速广度计及精

> 条条大道通罗马

密导向系统及设备等。

◆ 艰难的火星之旅

火星是离地球最近的一颗外行星，在太阳系中其自然环境最接近地球，所以被认为是最适合人类移民的星球。但实际上，火星的环境非常恶劣，特别是火星的尘暴，火星尘暴没有规律可寻，有时一年风平浪静，有时一年持续几个月。尘暴可达到8千米的高空，遮天蔽日，前苏联1971年发射的"火星-3"号在火星软着陆后，由于遇上了尘暴，着陆器上的仪器仅工作了20秒钟。此外，近火星空间流星四溅。美国的"水手-4"号在两天内记录到了83次微流星碰撞，这些碰撞改变了探测器的姿态，导致了观测任务的失败。前苏联的"火星-1"号在近火星空间每2分钟就记录到一次微流星碰撞。火星表面的宇宙辐射强度也比地球高上百倍，这些对许多仪器设备都是严峻的考验，登火星之旅非常艰难。

◆ 科学探测火星

火星是太阳的第四颗行星，也是离地球最近的一颗外行星。火星上很冷，气温最高也在零摄氏度上下，它距离太阳约2.28亿千米，公

转周期约687天。火星是我们人类下一个访问的天体。火星只有地球的一半大小，却和地球有很多共同之处，火星上有大气，有季节的变化。和地球一样，火星也有一个清晰的自转轴，加之它的椭圆轨道，使季节发生变化。当火星离太阳最远时，北半球为夏天，南半球为冬天；而当火星离太阳最近时，北半球为冬天，南半球为夏天。

从地理角度看，火星有一个分割线，在南半球是较为年老的遍布环形山的面貌，而在北半球是较为年轻的熔岩平原。火星上地形崎岖，高低不平，在地球上，人们把这种地形叫做雅丹地貌。

◆ 地球使者"勇气号"

2003年6月10日，名为"勇气"的火星登陆探测器从美国的卡纳维拉尔角空军基地发射升空，前往遥远的火星。它的任务是寻找火

> 条条大道通罗马

星上可能存在的生命遗迹。对于这个全新设计的超级智能机器人来说，这是一次孤单的旅行，在运载火箭的推动下，它将深入太空中的未知领域，在206个昼夜中完成长达4.8亿千米的星际旅行。只有出发，无法归来。1个月后的一个晚上，"勇气号"的孪生兄弟"机遇号"也启程了，7个月后，它们相会在火星上。

◆ 火星移民并非设想

移民火星并非是一个幻想，人类虽然可以凭借地形改造一个跟地球一样的世界，但不会完全相同。其中一种不同就是重力，火星的重力只有地球的三分之一，改变火星重力的可能极低。重力状况是行星之间重要的区别，它可能对人类进化有极大的影响。在不同的重力之下，人类的身体会出现不同改变。

随着地球人口越来越密集，人类将在未来的某一天移居火星，这并非是设想，科学家正在进行着相关科学实验和研究。

◆ 香港牙医设计的仪器上了太空

英国的"小猎犬2号"和美国的"勇气号""机遇号"执行的都是寻找火星生命的任务，而"小猎犬2号"除了寻找水外还要寻找火星上的甲烷和有机碳。更有意思的是，在"小猎犬2号"的探测系统中还有一台中国香港牙医设计的仪器，这个牙医叫伍士铨。

第六章 宇航时代

宇航基地建设

在月球上建基地，是一项高技术的工程项目，是一项规模庞大的系统工程，也是人类史无前例的一个创举。它不同于在南极建设科学考察站，也不同于在太空建造大型空间站，它是在一个地球之外的天体上建造一个供人类生活和工作的场所，涉及到当今科学技术的最前沿。在月球上建基地，不是科学幻想，更不是白日做梦，而是一个实实在在的、在本世纪就要实现的工程建设计划。

科学家们对月球基地的发展提出了各种各样的想法和建议，最典型的是将整个发展过程分为六个阶段。

◆ 机器人基地

先建机器人基地就是为了用机器人"开路"。这是因为用机器人有四个优点：

（1）建机器人基地比建真人基地便宜。

> 条条大道通罗马

（2）风险较小，无生命危险。

（3）基地的初期建设用机器人即可完成。

（4）建机器人基地设备简单，不像真人基地那样复杂。

◆ 初级基地

初级基地可容纳6名成员。研究、设计和建造时间为3个月，使用寿命1年。它是移动式的，航天员居住舱的下面有四至六个轮子，可以在月面上行驶，能到各地进行探测和考察；也可以是固定式的，居住舱用可膨胀的材料制成，但顶部必须用月球土壤覆盖住。膨胀式材料的优点是质量轻，未膨胀时体积很小，因此给月球运输带来极大的方便。首批进驻基地的有6名航天员，大部分是科学家和工程技术人员。每一名航天员要在基地内逗留6个月。月球航天员至少应有12人，分为两个班组，6个月轮换一次。

◆ 中级月球基地

中级月球基地可容纳24名成员。研究、设计和建造时间为1年，使用寿命10年。中级月球基地由三个空间站舱组成。三个舱由接口舱连接在一起，都埋在月球的地下。舱的上面盖有1.5～2.0米厚的土壤，目的是防止宇宙辐射伤害人体，同时还有利于保持舱内的温度。

◆ 高级月球基地

高级月球基地能容纳120名成员。研究、设计和建造时间为5年，使用寿命30年。这种月球基地可以建在月球的熔洞内，也可以用钢筋混凝土建在地下，混凝土是用月球上的岩石经开采和加工混合而成。地球到月球轨道的运输用可多次使用的重型航天运输系统，月球轨道到月面的运输用月球客车。

◆ 月球工厂

月球工厂能容纳250人，使用寿命30年。月球工厂除开采月球矿物以外，还要负责生产一些重型设

> 条条大道通罗马

备。这些设备除供应月球移民区的建设外,还供应太阳系其他行星和天体的开发之用。

◆ 月球移民区

月球移民区的建设是将数个高级月球基地联结起来,形成一个超大规模的月球基地网,然后形成一个移民区。建设月球移民区前后可能需要30年时间,以后就将成为人类在月球上的一个永久性的定居点。